命理生活新智慧・叢書 78

偏財運風水大解析

金星出版社 http://www.venusco555.com
E-mail: venusco@pchome.com.tw
法 雲 居 士 http://www.fayin777.com
E-mail: fatevenus@yahoo.com.tw

法雲居士⊙著 fayin777@163.com

金星出版

國家圖書館出版品預行編目資料

偏財運風水大解析／法雲居士著，-- 第1版.-- 臺北市：金星出版：紅螞蟻總經銷，2006[民95]
冊；　公分--（命理生活新智慧叢書；77）

ISBN: 978-957-8270-69-5（平裝）

1. 命書

293.1　　95020853

偏財運風水大解析

作　　者：法雲居士
發 行 人：袁光明
社　　長：袁靜石
編　　輯：王璟琪
總 經 理：袁玉成
地址：台北市南京東路 3 段 201 號 3 樓
電話：886-2--25630620●886-2-2362-6655
FAX：886-2365-2425
郵政劃撥：18912942金星出版社帳戶
總 經 銷：紅螞蟻圖書有限公司
地　　址：台北市內湖區舊宗路二段121巷28・32號4樓
電　　話：(02)27953656(代表號)
網　　址：http://www.venusco555.com
E-mail　：venusco@pchome.com.tw
venusco555@163.com
法雲居士網址：http://www.fayin777.com
E-mail　：fatevenus@yahoo.com.tw　fayin777@163.com

版　　次：2007年2月第1版　4月再刷
登 記 證：行政院新聞局局版北市業字第653號
法律顧問：郭啟疆律師
定　　價：280 元

行政院新聞局局版北字業字第 653 號

ISBN-13: 978-957-8270-69-5（平裝）

（因掛號郵資漲價，凡郵購五冊以上，九折優惠。本社負擔掛號寄書郵資。單冊及二、三、四冊郵購，恕無折扣，敬請諒察！）

序

這本《偏財運風水大解析》的書出版緣由，主要是因為近來看到台灣的政治和社會紛亂、社會上出現許多重大古怪的刑案或自殺案件，又有許多詐騙集團和卡債問題都糾葛著台灣這個小島，是有感而發所寫的這本書。

你會奇怪？這些政治和社會的紛亂會和偏財運有何關連？其實關連很大！大家可仔細觀看台灣的地圖，雖然大家常說台灣是地瓜的形狀。但只要你認真的觀察：台灣是由上下兩個不規則的三角形塊面所組成之地圖。這就是偏財運風水了！

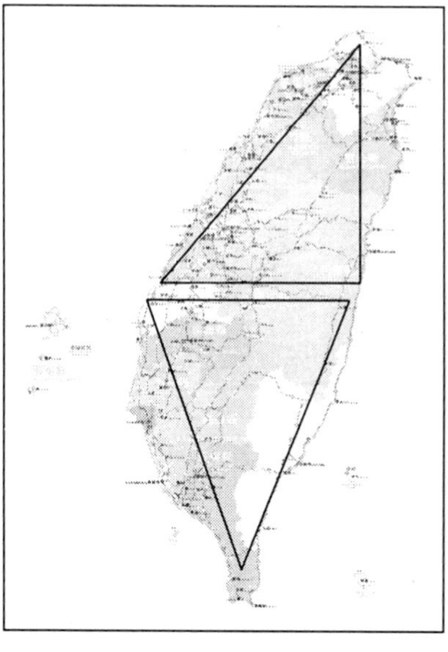

偏財運風水格局形式

偏財運風水主要以三角形地理為主。但有好壞之分。等邊三角形之偏財運風水能發正財，累積財富，較為吉祥。因三角形地理有三個銳角，皆有刑剋，縱使有再好的偏財運風水皆有時間、空間上的限制。因此偏財運風水的旺運是不可能一直延續下去，亦不可能長久保存的。

台灣地處亞熱帶，在中國大陸的東南方，也在整個亞洲大陸的東南方，正是遇火而發的大好地理位置。因此從一九六五年（民國五十四年）（乙巳年）、一九六六年（丙午年）開始就蓄勢待發，一直到一九八二年，可能更久，到一九八六年（丙寅年）、一九八七（丁卯年）是台灣錢淹腳目的年份。中間也經過民國六十三年的股災。暴起暴落的狀況十分明顯。台灣人對經濟好壞的感觸也頗為深切。

今年是丙戌年，戌宮為火墓，丙火是太陽，也是火球，火球掉入冷卻的爐子中，只有悶熱而已。也可說太陽西沈落入地平線之下，悶熱的黃昏，令人滯息。因此今年會有很多的暴發運發得古怪，或偏向、邪佞的一方。在台灣，要喜用神為木火的人，才能暴發偏財運較大。喜用神為金水的人，只有到西方國家或北方才能暴發大的偏財運。倘若暴發運帶化忌、羊陀、空劫等刑剋時，要不是不發，要嘛！就是朝向邪佞的一方去找財來發了。從我觀察近來的社會案件發現：像搞軌案，或彰化洪若潭自焚案皆是與金錢有關，也與暴發運、偏財運有關的案子。如果要嚴格的說起來，更應說是與偏財運風水有關的案子了。

三角形偏財運風水，如果其中某一個角的銳度很尖銳時，刑剋更重，未必能完全享受到財，多半是刑剋自己走上邪佞道路害人害己或殘害自己的家人。

因此偏財運風水有好、有壞。這本書將教大如何運用偏財運風水來幫自己暴發好的偏財運。也教大家如何為自己塑造好的偏財運磁場，來累積財富。更會教大家如何去避免住到壞的偏財運格局風水，以免爆發凶事。

法雲居士　謹識

命理生活叢書78

偏財運風水大解析

目錄

偏財運風水格局形式

第一章

何謂偏財運風水

✵✵✵✵✵

偏財運風水就是暴發運風水。也是一股強勢的地氣。古代的『龍穴』就是偏財運風水之一。

第一章——何謂偏財運風水

『偏財運風水』很簡單的說，就是暴發運風水。

那『暴發運』風水又是什麼呢？真能使人暴發財富嗎？

答案是肯定的！不但能為人帶來財富，而且還會發生許多奇奇怪怪的事。會讓當事人，或同住在一起家族的人，彷彿如同套住相同的命運鎖鍊一般，一起坐著雲霄飛車飛上高空天際，又一起暴起暴落，回復平靜。但會在其人人生或家族史上，或是在正統歷史上留下輝煌的一頁。

有了偏財運風水，還必須天生帶有偏財運格。才能對其人或家族產生暴發效益。如果沒有偏財運格的人而住在偏財運風水上，最多只能在偶而運好時多賺一點小錢，富裕一點而已。但如果住到過氣的偏財運風水，暴落得很快時，其人也會衰得很慘！

在中外歷史上，最有名的、因偏財運風水暴發而登上歷史舞台的兩個人及其家族，就是美國的甘迺迪家族和中國的宋氏家族（宋美齡家族）了。

事實上，在世界上各個國家中名人、富貴之人的堀起，大多數都是因為偏財運風水而形成的。例如比爾蓋茲、郭台銘之流。亦或是在日本歷史上權傾一時的德川將軍幕府，亦或是七〇年代的阮文少、越南阮氏家族，或前不久被逼下台的泰國總理等等。當然這些是叫得出名諱出來的，又會因偏財運風水而突起有成就的人。

一般來說，有一些小市民也會遇有位住偏財運風水之中，但本命財不多，功業不大，能暴發的偏財運及人生成就也沒辦法很大了，只可能突然有一些錢財供其揮霍罷了，事後卻落入揹債的深淵，或是挺而走險，殺人越貨來了此殘生了。倘若，其人的偏財運格或所居住的偏財運風水還帶有刑剋、殘障類型的狀況。

那其人不是被殺、就是去殺人、下場會更慘！

偏財運風水是一般強勢的『地氣』

我在《如何算出你的偏財運》一書中曾經講過：『偏財運是一股強勢的『氣』。而偏財運風水就是一股『強勢的地氣』。偏財運的格局在開天闢地時就已存在了。自然，偏財運風水這股強勢的地氣，我們的老祖宗也很早便知道其玄秘性了。例如在《葬往經》中有很多段，都是述及偏財運風水的概論。

『氣』是一種看不見的東西，但會在宇宙天體中循環運行。我們的老祖宗非常聰明的利用八卦原理、五行原理、卦象原理來替自然界中的地理環境做了標示與規劃。所以我們能知道，那些地段是屬於什麼氣？也能由我們自己生辰八字的宇宙座標而知道，我們需要什麼樣的氣，兩相配合，就能產生對人極佳、主富的、主貴的好運氣了。

偏財運風水會改變歷史

在地球上很多地方都是具有偏財運風水的地方，例如新加坡或台灣這個寶島或珠江三角洲，或是湄公河附近等等區域。在歐美地方也是有的，例如狹長的半島地區、美大利、巴爾幹半島等等。美國總統甘迺迪發跡的住處等等。以及許許多多尚未談及的地方。

台灣這個寶島是由上下兩個三角形塊面所組成的，在七〇年代發旺，在六〇年代已成為重要的東西戰略要地。而在七〇年發富，當時的外匯存底在世界上名列前茅。台灣的富裕也大大壓倒了對岸中國的經濟條件。也因為有這塊偏財運、暴發運地，台灣的商人能前仆後繼的在全世界經商，也發展了電腦科技業，成為台灣大宗輸出，又能名揚國際的產品。早期台灣的經濟奇蹟，已在世界歷史上留下了光輝燦爛的一頁。

偏財運風水也會和偏財運一樣有暴起暴落的現象。**偏財運風水更有年限的限制**，以天運來說，大致是以八十年為一個翻轉的對調。

每一塊偏財運風水寶地的旺運地氣都不太一樣，有的旺運錢的，只有十年的暴發機會，格局甚小，當然暴發的財富也不太大，也不多了。有的旺運有二十年、三十年、五十年、八十年不等的。

最長的，大約是八十年為一個天運數字，這是最好的、最長久的偏財運風水格局了。但是在八十年的偏財期中，仍是會有起伏上下的，而且運氣都是起端慢慢上揚、中間為最高點，如同拋物線一般，中點過後便會漸漸下降，尾端下降到最低點。

台灣的發跡，應該從一九四九年開始算起，因中國大陸的國共戰爭，而大批人員遷台，使台灣熱鬧，開始建設而富裕起來，最旺的時候在七〇及八〇年代。至今，這塊偏財運地氣已有五十多年，而接近尾聲了，運氣有陰陽，陽氣（生氣）過了，就是陰氣（衰氣），因此很有可能台灣要再等數十年才會再發。

另一個偏財運會改變歷史的例子，就是偏財運風水會造就及出現有名或偉大的領導者或政治家，或是會影響民生，創造歷史的人物。

就像美國的甘迺迪家族，早期住在麻塞諸塞州的布魯克萊恩（Brookline），後來遷居到 Boston 的莊園，因此莊園地形為偏財運風水，再加上其人有偏財運格，因此以三十六歲年輕的年紀登上美國總統之位，帶領美國對抗古巴和俄國，是當時冷戰時期最強勢的總統了，這當然也影響到美國在世界上的霸權地位，你說是不是偏財運風水會造就改變歷史的人物呢？

過氣的偏財運風水也會改變歷史

過氣的偏財運風水是進入暴落階段的偏財運風水，因此會帶來刑剋，帶來混亂、戰爭、貧窮，亦會發生天災人禍之事，例如南亞的大海嘯，亦或是台灣的九二一地震，這些都會創造地表的傷痕，自然也改變住在該地區人的命運。歷史是人活動及生活的軌跡，自然也會改變歷史了。

為什麼偏財運格和偏財運風水，帶給每個人的人生大好大壞，結果差這麼多呢？這實在不是三言兩語可以說清楚的，請讓我在後面的章節來慢慢分析給你聽，目前，且以『造化弄人』這四字來暫時結尾吧！

第二章

偏財運風水分為『偏運』和『偏財』兩種功能形式

✻✻✻✻✻

暴發偏運的偏財運風水，主要和『主貴』有關。其強勢的地氣能產生大英雄或大人物出來。

偏財運風水大解析

第二章　偏財運風水分為『偏運』和『偏財』兩種功能形式

偏財運風水又稱『暴發運風水』。以其功能形式，其實會分成兩種。一種是暴發『偏運』的偏財運風水，一種是暴發『財運』的偏財運風水。

第一節　暴發『偏運』的偏財運風水

在人的暴發運中會分為暴發『偏運』（運氣）和直接暴發『財

運』兩種暴發運。**偏財運風水也是一樣，會在地氣上引發的結果也是有『發偏運』和『發偏財』兩種。**

暴發偏運的偏財運風水主要和『主貴』的運氣有關。在此種偏財運風水上會出現大人物、名人或有名的政治人物、曠世英雄等等，這些人能創造很大的功業，繼而能帶給地方或國家有大利益。例如前面所說的美國總統甘迺迪家族或宋美齡女士家族所擁有的偏財運風水皆是此類以暴發運氣，以主貴為主的偏財運風水了。

暴發運氣及主貴的偏財運風水，也能為其家族帶來龐大利益和財富。這是較高等、高級的暴發運風水（偏財運風水）。因為在此種風水中能為人帶來權利和名聲，能為其名留千古，創造歷史上新的一頁，因此被風水家視為第一流的風水寶地。

權利能創造財富，名聲也能創造財富，兩相配合能創造長久的財富，不但能蔭及家族、國家，且能帶來對人類長遠的影響。

在暴發『偏運』的暴發運風水上，並不是每一個人都能得到暴發運的。只有本身具有『暴發運格』、『偏財運格』，再加上八字主貴的人才有機會出人頭地的。其他的人只是在一般風潮中隨波起伏，或成為簇擁或鞏固這位主貴英雄能適時暴發的幫助者而已。

我嘗說：暴發運（偏財運）是一股超強勢的運氣，而暴發運風水也是一股超強勢的地氣，只有本身是強勢命格的人才能待得住的，或是本身帶有天命要輔佐、創立功業之人，也才能待得住。其他命不強的人、無能的人，或其具有小貪念、偷雞摸摸狗零碎之人也很難待得住，都會嫌那地方不好，而被迫離開。

暴發運風水寶地還有年限的問題，要正當暴發高潮時段，又具有暴發運的人進住或誕生，才能發生效用，而產生英雄或大人物來創造功業。一般時期，或暴發運風水寶地在靜止休息狀態時，你是看不出它有何作為的，也看不出它到底有何和別地不同之處的。它就像靜止的火山一般，不想暴發，等到真正暴發時又威力無窮。帶『偏運』的暴發運風水，在古代可以出天子之地。現今我們談的偏財運風水大多以活人所住之陽宅風水為主。在古代以墓穴為重，就是俗稱的『龍穴』。這種帶偏運的偏財運風水也是屢見不鮮，『龍穴』就是偏財運風水，並為歷代風水師終其一生在追求的『真龍寶穴』。

例如在《都天寶照經》中有云：『寅申巳亥騎龍走，乙辛丁癸水交流；若有此山並此水，白屋科名發不休，昔日孫鍾阡此穴，從此聲名表萬秋』。

此段故事講的是後漢時期，也就是後來三國吳國之孫權的祖先，名為孫鍾的人，為浙江富春人，以種瓜為業，有一天三個少年向其要瓜，孫鍾好意的給了，於是三個人就指示他有好的葬地墳穴，告訴他，此地應當可出天子，你下山一百步差不多停下，然後回頭看我，那塊地就可以是好的葬地了。孫鍾將信將疑，走了三十步便回頭一望，看見三人一起乘三鶴飛去。孫鍾死後便葬於此。後來的人說：因為孫鍾只走三十步而已，未葬到龍穴的正穴上，所以三國的吳國僅是三國鼎立的局面而已。

現在我們來看前面的經云，寅申巳亥騎龍走，指的是山形走勢為寅申為東北到西南的山，巳亥為東南到西北的山脈走勢，這兩條相應會交叉。乙辛丁癸水交流，表示乙辛方向即東西方向的河流交叉而過，這些山脈和河流在地表上分割了許多三角形的地形，形成偏財運風水，再加上富春江流域地沃土肥，是産稻米的魚米之鄉，人傑地靈是肯定會暴發的了。後人言其地在富陽縣天子崗，迎七星灘之水，正更確實印證了山水交錯而形成的三角形的龍穴寶地，也就是名符其實的偏財運風水格局了。

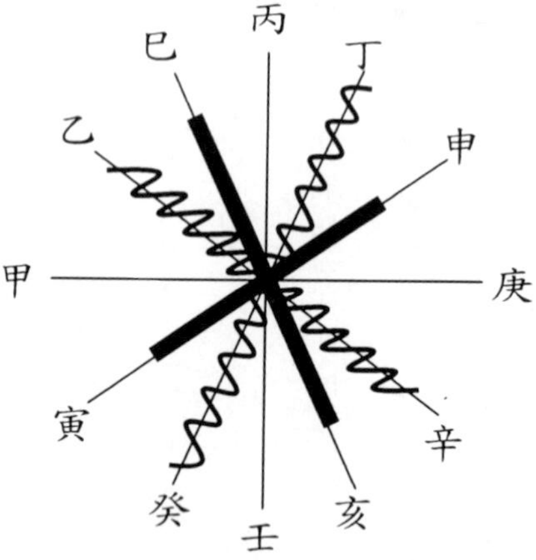

※粗灰線代表山脈
曲線代表河流

偏財運風水在活人陽世風水中能助益人的發運，創造功業。在陰地穴位中能蔭及後代子孫而成就創造功業的人物。

暴發運氣的偏財運風水，不但在中國有，在國外，在全世界亦很多，在西洋歷史上亦曾多見，只要是曾經創造過強勢領導政權的人，大多是因為曾待過偏財運風水上，本身命格中又具有暴發運格而從其暴發而形成的。例如拿破崙、希特勒、莫索里尼等人，這些由平民而掌政權，又發動戰爭，改變世界局勢的人，無一不是在天時變動，趁地氣之利，而得到自己一生最大最旺的運氣的。他們創造了自己的功名利祿與因緣際會，改寫了歷史，改變了地球上的氣氛，有的是肅殺刑剋之氣，就會造成數十萬計、百萬人計的死亡。成為地球生物的浩劫。有些是溫和能休養生息之氣的，能創造國家和地方的富庶、富強。但是這種暴發偏運的偏財運風水的地氣是非常強勢的，本身就帶有肅殺之氣，因此也容易孕育出會激盪時代，產生風雲際會的人出來了。

發偏運的暴發運風水能產生帝王公侯將相，這些人是政治的掌權者，也是歷史真正的創造者，所以暴發運氣的偏財運風水實是最強的，會撼動天地的地氣了。

第二節　暴發『偏財』的偏財運風水

一般的小市民最喜歡的知道的是這一段發偏財的『偏財運風水』。通常大家認為暴發偏財，就是暴發財運變成大富豪。其實在命格中，有一種貴命不足，而命中財多的人，會以富來取貴的，例如像美國的比爾・蓋茲，有了自己的微軟王國之後，與世界各國聯手，又成了控制世界各國科技業的龍頭老大，各國領導者政要都是要向其巴結的，這就是以富取貴的例子。

在中國紅頂商人胡雪巖，以富做官，也是典型的以富取貴。現今台灣或外國，以企業來影響政府的決策來賺錢的人，都是走這條以富取貴的偏財運鋼索的人。

暴發偏財的偏財運風水，也是需要本身命格有暴發運來住才會有效的。本身沒有偏財運格的人，雖然仍身處於以富取貴的龐大家族機構之中，能做的事也是有限，因為其人的運不夠，如果再貪心，就會有殺身之禍。例如台灣近來的新聞中，有某金融的小開，用小蝦米吞大象的手法想連吃掉兩家金融機構的事件。可見貪心和企圖心人人有之，有沒有這種暴發運，而是否是『運』在時間點上，這些問題都很大，一不小心就會毀掉前人努力的基業。

暴發偏財運『財運』的風水，大體上來說，是和暴發運氣的風水是大同小異、差不多的，因為此風水中貴氣不足，氣數向上衝不上去，因而衝向兩旁，成為暴發財運的偏財運風水了。

會暴發最強的財運方面的偏財運風水，其實在暴發運以後，往往其人因為事業上暴發財運而達到高潮時，也會為其人帶來名聲和地位，以及功成名就的至高人生。例如鴻海集團的老闆郭台銘三十多歲時還很窮，為了工廠周轉，常趕三點半跑銀行軋支票，其母也為其起會、找錢來應付，應付工廠支出，但是事業運變好時，工作和生意就像洪水般湧來，真是城牆也擋不住了。很多人會想，這樣的風水到那裡去找呢？這就是本身具有偏財運格或暴發運格的人，在暴發的時刻到了，你就會因緣際會而住到具有偏財運的風水房子和土地上了。時候不到，或暴發力不強，或暴發力有瑕疵，其實都很難遇到偏財運風水的住地或居屋的。

第三章

偏財運風水格局形式

✻✻✻✻

偏財運風水格局中，亦有『火貪格』、『鈴貪格』、『武貪格』的風水寶地。

第三章　偏財運風水格局形式

第一節　『九星』在天成象、在地成形，是風水格局的基本形式

在中國風水堪輿學中，以北斗七星，再加上左輔、右弼，合稱『九星』。此九星在天成象，在地成形。並以龍身之行度變化無窮。

在中國堪輿學中所稱之『龍』或『龍身』，即是指高山、平原起伏之形狀而言。龍有高山龍、平地龍。高山龍是以高山的走勢形狀來看，平地龍是以平原中小小的起伏來看的。

用九星來辨龍之形狀

(1)北斗第一星艮丙貪狼木

貪狼星為紫氣木，其形狀為身長而直，頭部圓正。

『貪狼木』的地理形狀，無論在山巒、平原地形，亦或是陽宅屋相也都屬於這種身長而直、頭部圓正的形狀的地理。只不過有些地理狀況是在地平面上呈平面展開，有些是豎立在地表上，像貪狼木星龍的山巒，就是直立於地表上。而平地龍則在地表上平貼展開。此種『貪狼木』的地形，則是後面我們要談到和偏財運風水有關的特殊地形。

(2)北斗第二星巽辛巨門土

巨門星在地理上屬木，其地理形狀無論在山巒、平原是如櫃子的形狀，是略微長形而方正的，或是稍帶斜側一點。巨門在天為天醫方，在人間為救貧之神。巨門土龍，喜生六秀之地（艮丙巽辛兑丁為三吉六秀）

(3)北斗第三星乾甲祿存土

祿存星在地理上屬土，其地理形狀無論在山巒、平原，其形狀和巨門類似，是略長形而方的，但斜側不整齊，且腳尾如耙齒，是參差不齊的，在地理上常為人間禍患之神。

(4)北斗第四星離壬寅戌文曲水

文曲星在地理上屬水。其地理形狀無論在山巒、平原如水氣降人間，此地理性質又稱為『遊魂』。文曲水星龍只有在辰巽巳三方有金白水清之象較吉，其他皆不成。

(5)北斗第五星震庚亥未廉貞火

廉貞星在地理上屬火，在正五黃位居中宮。廉貞是在紫微帝座之旁執法之宿。其地理形狀在無論是山巒、平原皆為略橫寬之方形，頭部也為方形橫寬的狀況。廉貞火龍在地表上，必須相連於艮和貪狼相連而變換主龍，才會有用。其他皆無法做主龍。廉貞與貪狼聯氣高聳的地形為火星的地形，有暴發運，故能出魁元之輩。

(6)北斗第六星兌丁巳丑武曲金

武曲星在地理上屬金，地理形狀無論在山巒、平原形狀類似太陽，是頭圓而高聳，其氣降至人間，為福德臨金星，能創造大富貴。文武皆吉。

武曲金的地形，行九紫離，丙午丁三方，或和貪狼木的地形相連，能形成『武貪格』的風水，有偏財運，能大發，即為正宗的偏財運風水了。『武貪格』多發在事業上，以武將最佳，能控制四方，或由文官出身，位至王侯將相，是貴而壽長之寶地，能享大富貴。

(7)北斗第七星坎癸申辰破軍金

破軍星在地理上屬金，其地理形狀無論在山巒、平原，其形狀是頭部高大，類似武曲金的形狀，頭圓而高聳，但其腳部散亂，像破傘狀飛斜出去。有此地形者，在大專掌肅殺之權，其氣降至人間為絕體，凡此地形，無法正出，或有純陰秉政、后妃掌位，或不由正路而出將入相。

(8)北斗第八星坤乙輔弼土

在九星中，左輔、右弼是一對，也共一卦，各管一卦，一卦三山，此為九星納甲所屬。在方位上，左輔八白艮，右弼九紫離。

左輔星在地理上屬金，九星坤乙輔弼土，丙土生星，五行之中非有土不能生金，以其有輔佐之義。

右弼星在地理上屬水，位居九宮之地，在帝座的離方（南方）

左輔、右弼二星在地理形狀上，宛如平頭略隆起的小土丘。左輔多生過峽結穴之地。右弼有時如彎曲屈曲的蛇形，近看似有其物，遠看則看不見。

第二節　偏財運風水格局的形成

前一節是由九星來看山脈及平原的形狀。其實在平地上，稱為平地龍，也是如此看法的。例如有一塊地、狹長筆直，前面頭部圓正，也是屬於貪狼木的地理形狀。如果再形成格局，例如砂紅（是紅色的土質）或是灰黑色土質，形成『火貪格』、『鈴貪格』、『武貪格』的地理形式，則即為『偏財運風水』，或稱『暴發運風水』了。

縱有貪狼木的地形，亦是要看方位的，方位好的才具有暴發運。例如此塊**貪狼木的地形，行三碧震，在甲卯乙三方**，得木氣旺位之方位，如枯木逢春，如果是甲、乙、寅、卯、辰年生的人，最得利，容易生出有資質高敏、科場得意、有考試運而突出之人。暴發運也能助人在考試運上拔得頭籌。

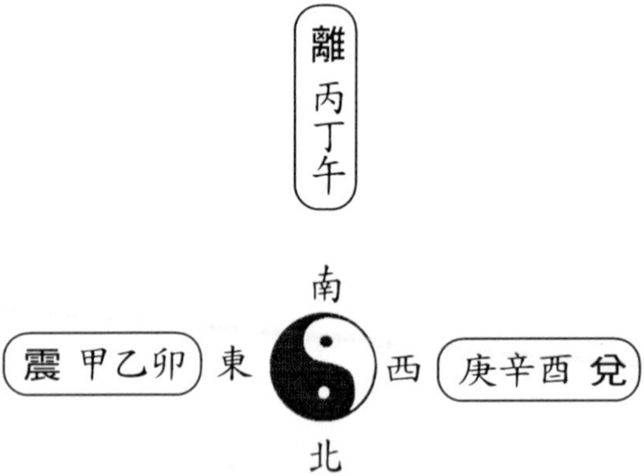

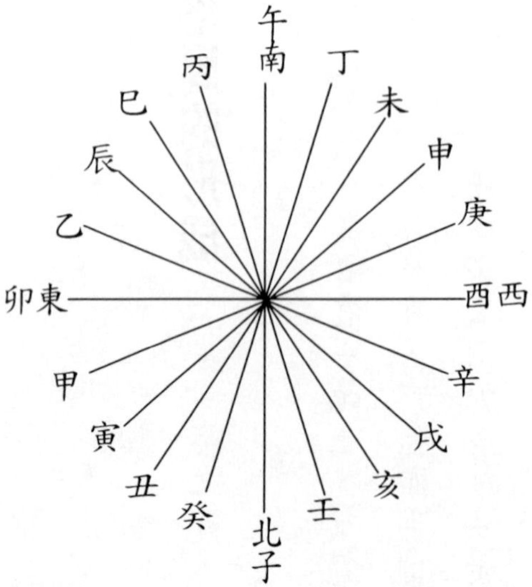

貪狼木的地形如果行七赤兌，在庚酉辛三方，庚納於震，此地形能出武將而名威四方。如果在辛的方位，能有狀元宰相之貴人出現。

貪狼木的地形，如果在九紫離之方位，丙午丁三方，會出有名文人，福壽綿長。

偏財運風水的主角，主要是貪狼木的地形所形成的風水格局，其暴發的形式才會大。這其中包括了『武貪格』、『火貪格』、『鈴貪格』的風水格局。另外火星（火相）、鈴星（鈴相）風水格局也具有暴發運和偏財運，其多半在暴發偏財及財富方面，少有暴發能影響一方百姓福祉功業的英雄豪傑出來。這在命理格局上是屬於較低層次的偏財運風水了。一般大眾會因住宅風水帶偏財而稍發富或得意外之財，也多半是此類風水。但火、鈴都類似煙花一般會燦爛於一瞬間而熄滅，故暴起暴落得很快。

『武貪格』偏財運風水格局的地理形狀

『武貪格』偏財運風水格局的地理形狀㈠：就是貪狼木的地形和武曲金的地形兩者兼具而有之的地形形狀。也就是身體狹長而有大頭、頭圓或頭部有圓形的丘陵高起突出或高聳的。其他形略似蘑菇的形狀。其實也很像原子彈在地面爆開的曇雲狀之形狀。其威力可想而知了。

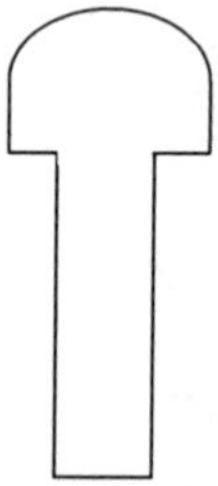

蘑菇狀的
『武貪格』風水

二次世界大戰時，日本長崎受過原子彈的攻擊，曾出現過此種曇狀雲，雖大戰結束六十年了，當地人很多因輻射塵而受癌症之苦，但是未來在運程走到時，此地必大發，這是指日可待的。

『武貪格』偏財運風水格局的地理形狀㈡：是由貪狼木狹長地表，地表一頭呈半圓形，上種有綠色高大的樹木，但地質為灰白色土質，此地形彷彿子彈型的地形，這也是偏財運風水。

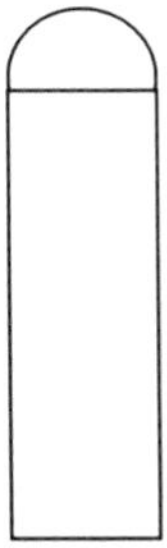

子彈型的
『武貪格』風水

『火貪格』偏財運風水格局的地理形狀

『火貪格』偏財運風水格局的地理形狀㈠：就是有貪狼木的地形，再加之火星、火形地形而形成的風水格局。也就是本身身體很狹長，但兩頭尖，或㈡該地表上有很多尖形物突出的地形，亦或㈢是貪狼木的地形上，兩頭尖，其上有高大直立之樹木，再加上地質土色為紅色的地理格局。例如在兩頭尖的一塊土地上，四周種有松柏、杉木之類的樹木，其地面土質又帶有紅色的風水格局。

『火貪格』
風水格局

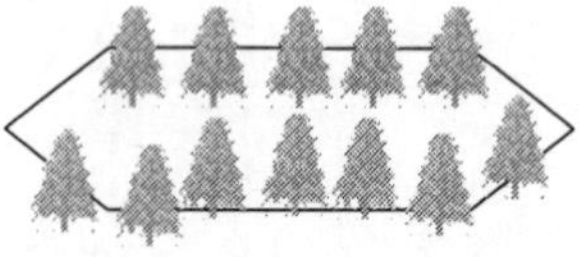

土質紅色，上種
松、柏、杉木

『鈴貪格』偏財運風水格局的地理形狀

『鈴貪格』偏財運風水格局的地理形狀㈠：就是有貪狼木的地形，再加之鈴星火形地形而成形成的風水格局。也就是本身狹長身體的土地，兩頭呈梯狀突尖出去。㈡該地表上有很多參差不齊、怪形怪狀突出物的地形。亦或是㈢貪狼木的地形，兩頭奇怪的突出，而土質呈暗紅色，含有具有腐敗動植物的土壤的地形。

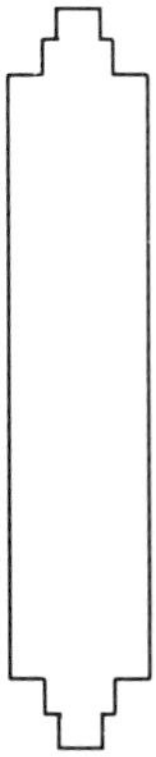

『鈴貪格』
風水格局

▼**偏財運風水在某些方面能為人帶來大功業或大富貴，但也是刑剋極強的風水形式**。只有命強命硬的人，才能經得起偏財運風水的暴起暴落，大起大落。命不強的人，身體衰弱的人，若住在偏財運風水上，也容易被煞到，易早亡或傷殘，這樣偏財運也發不了了，其他，如果其本人的偏財運是帶有傷剋的偏財運的人，又位於偏財運風水上的話，也會發，發得快，得禍也快。不過傷剋也會加倍迅速的。例如有些人有『廉貞化忌、火星、貪狼』同宮的偏財格，其格局中會帶有是非爭鬥及血光之災，如果本身又住於偏財運風水之上的話，也易於暴發因是非爭鬥或血光而得的意外之財或意外之利。

火星形式的偏財運風水

火星形式的偏財運風水最好認，也極容易形成。就是三角形地形的偏財運風水。此種三角形風水大多由河流、鐵道、道路、公路，或巷道形成的。這些河流、道路、鐵道在地表上切割劃分了原始的地形，一般我們看風水地形，是由天空或太空鳥瞰俯視大地的，因此山脈不算是能切割阻礙風水地圖上的因素。只有河流、鐵路、公路能形成切割地表成塊的工具。

火星形式的偏財運風水格局樣式，最好是正三角形的樣式，不能為銳角三角形，或不等邊、歪斜的三角形，容易有傷剋不吉的狀況。如果為邊參差不齊或不等邊，歪斜的三角形之偏財運風水樣式，必走邪魔歪道而發，而且暴落和必亡的速度也快。

鈴星形式的偏財運風水

鈴星形式的偏財運風水會最古怪，也最易爆發，但也會造成最多的問題。基本上鈴星形式的偏財運風水形局也是三角形的形式，會為河流及道路、鐵道等切割而成。但三角形一邊或數邊會有曲折或突出的不整齊的狀況。此外，此種形式的偏財運風水尚會出現地上物有尖銳豎立的物品或有發出磁波的如電塔或有雷達設施的儀器的建物。例如陽明山上有一塊地上建有許多座大型雷達之地，即是此種鈴星形式的風水格局。此種地段不適合住人，但亦會有怪人闖入去住，也就莫名其妙的暴發了，但亦可能會發瘋，結果都不美滿。

常常也會有發電廠或發電站會選中某地來生產電力，這些發電廠或發電站也常形成鈴星形式的偏財運風水。只是能暴發的人，只有本身具有暴發運的人才能發，其他無暴發運的人只身受電磁波影響而痛苦，或身處具有生癌症的危險恐懼之中而已。

又如台北市新北投之北投溫泉博物館、地熱谷、春天酒店一帶就是由新民路、溫泉路、幽雅路、光明路、泉源路等圍成的『鈴星形式的偏財運風水格局』。因此此地大發，酒店與休閒SPA中心櫛比而立。此處是溫泉鄉、火山區也是暴發偏財運的重要地理形式之一。

※在火星形式和鈴星形式的偏財運風水中，如果再位於火山區是暴發力最強、最快的偏財運風水地形了。

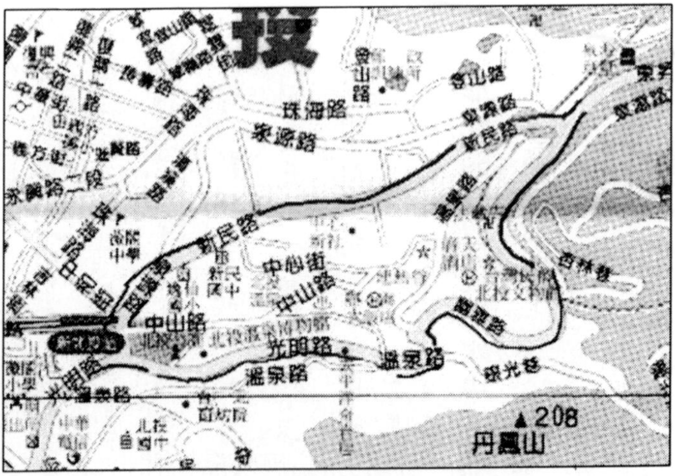

新北投偏財運風水地區

第三節　偏財運風水的例證

在偏財運風水中，『武貪格』和『火貪格』、『鈴貪格』這種大氣魄的偏財運風水是較難找的，也較難出現的。往往試放核爆的地方會出現如此類型的地形，但這些地方不是深處沙漠地帶，或深海之中，並不具有貪狼木帶有綠色性質的地理風水，因此要等到物轉星移，實在不知須要等到何年才會形成了。

不過，在世界上各處人工島嶼，或填海而成的新生地，倒是具有了這種『武貪格』、『火貪格』、『鈴貪格』的格局架勢了，未來一飛沖天，爆發旺運的機會是不可限量的。例如美國曼哈頓人工島、長島，以及杜拜新建的新生地碼頭等地皆是。至於像荷蘭那樣，做了廣大的地面，漂浮在海上，再在其上蓋屋生活，雖然表面上和陸地一般，但實際地面下是空的，有大片海水。這跟泰國水上人家的狀況一樣，是水上築屋而居的形式，縱然再建成『武貪格』、『火貪格』、『鈴貪格』的形式，也不見得能發得起來，未來會更瀟條得快。

美國總統甘迺迪家族老家是典型的火星形式的偏財運風水

火星形式的偏財運風水，在地表上處處可見，非常多，既好認，又容易促使人暴發。其中最知名的案例就是以前的美國總統甘迺迪家族的在麻塞諸塞州、布魯克林（Brokline Massachusetts）的老家了。

從白宮公佈的記載中，甘迺迪的曾祖父是愛爾蘭盛克斯福德的人，在一八四八年因逃荒而到美國波士頓。其祖父在波士頓開酒吧

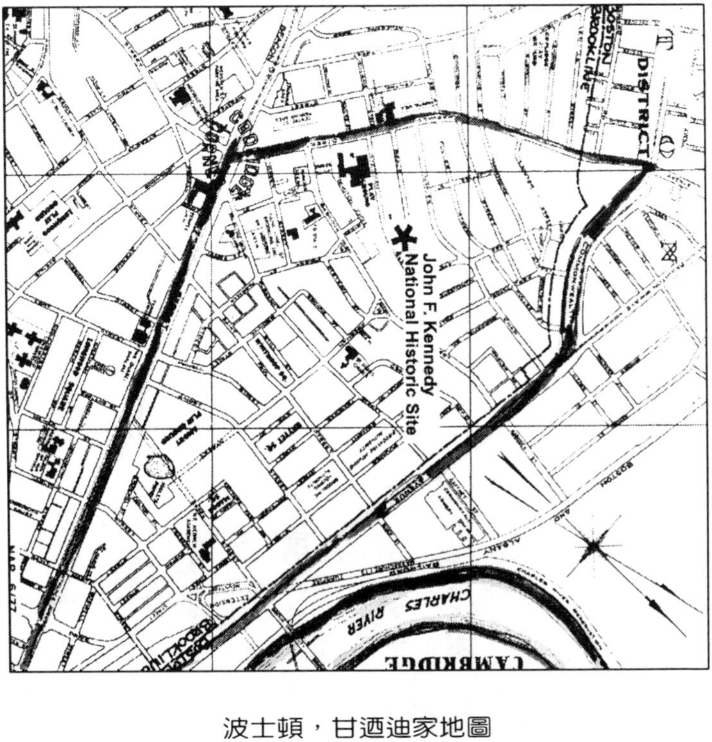
John F. Kennedy
National Historic Site
DISTRICT
CHARLES RIVER
CAMBRIDGE

波士頓，甘迺迪家地圖

偏財運風水大解析

兼做銀行業務，也當過麻省議員，到了甘迺迪的父親老約瑟夫時代，其父進了哈佛大學，後來去銀行做經理，一次大戰完，投資股票發了大財，成為百萬富翁，並且到好萊塢開電影公司，後來又因支持羅斯福當選總統後，被任命為駐英大使。二次大戰時因反對美國參戰而下台，一九六〇年美國的《幸福》雜誌，把甘迺迪家族列為美國第十二大家族，是屬於美國超級富貴一族的人了。

布魯克林老家

由以上的記載你可知道，甘迺迪的爸爸就非常有偏財運，才可從他爺爺小小的經營中一飛沖天，有力量來干預美國政治，而甘迺迪本人也是具有暴發運和偏財運的人，因此能在大運暴發偏財運的時候，加上長期家族偏財運風水的地氣之助，一舉而擊敗對手，當選美國第三十四任總統，成為美國歷史上以四十三歲當上最年輕的總統。

偏財運風水一定要搭配具有偏財運格的人才會有用的。像甘迺迪家中其他兄弟姐妹，一方面是沒有偏財運格，亦或是命格不強，因此家族風光就在當總統的這個人身上到此為止了。

另一方面，**具有偏財運格的人和地氣也要連在一起**，就像約翰·甘迺迪四歲遷到此布魯克林的偏財運風水老家上，幼年時代即在此度過長期接受地氣的薰陶及潛移默化，加速度及加溫，才能在後來要爆發運氣時有助力。否則就算你準備了一塊極佳的偏財運風水，但人很少住在那裡，和該地氣少有連帶關係，這是很難爆發好運，亦可能會轉向壞運方向去的。

由地圖上我們可以看到甘迺迪老家的偏財運風水，是由幾條主要的大路所形成的。一條是鄉村很寬的大路 AVENUE，此條是波士頓的主要道路，在上面前轉入 COMMON WEALTH 的道路，形成偏財運風水中三角形的尖端，COMMON WEALTH 是英國式家庭農場或營業區。在此三角形偏財運風水的另一邊則是 BEACON STREET 和 HARVARD STREET，是有很亮的燈的街道所圍繞的。而甘迺迪總統幼時住過的房子，現在已列入國家紀念館了。在這一塊偏財運風水寶地上，雖然天時、地利和人都對了，但仍有一些美中不足的事，所以這塊偏財運風水幫忙他們只發到一個不太長的時間就嘎然驟歇了。

這塊風水寶地的問題在那裡呢？

首先我們看到它不是一塊正三角形的土地，而是一邊有銳角斜出去的三角形地塊。當然你也可用此塊三角形中間的小街巷道來橫切攔腰隔成較正一點的三角形，但因巷道、或小街道的力量太小了，不足以影響地形。在真正偏財運風水中，由天空中俯視，其形狀仍是銳角三角形的地形。銳角三角形地形會帶來刑剋傷害，也會運氣偏向一邊暴發，發富或發貴，或當時有暴發運的人心裡想的最重要或最在乎的事。如果是色情緋聞，也會發到那邊去，當然銳角三角形的偏財風水最易刑剋人，使人有傷災、血光、病痛、開刀甚至是死亡的。

此塊風寶地的另一個大問題是旁邊有查爾斯河（CHARLES RIVER）做反弓的狀態，正射向甘迺迪家的住處，形成非常大的煞氣。河流或大海的煞氣主水煞，會在主金水、水多的年份出煞。因此甘迺迪總統在一九六三年十一月遇刺身亡，當年是癸卯年‧壬戌月。

如果從甘迺迪總統的生辰八字看起來，他的八字並不太高明，一定也不會比他的副手（後來的詹森總統）強，但是他有暴發運，又住到偏財運風水上，自然他比別人有較多的機會爆發，能得到大富貴了。

甘迺迪總統是一九一七年五月二十九日生的，八字是丁巳、乙巳、辛未、癸巳。

丁巳
乙巳
日主 辛未
癸巳

甘迺迪總統的日主是辛未日，是混在土中體質脆弱的金。生在四月，火旺土燥，非水不能救急。而時干上有癸水，四支上皆為燥土，也容易吸乾，故為體質不佳之命格。

其紫微命格為武府坐命子宮，疾厄宮為擎羊、左輔、右弼。為脊椎骨及腎臟、脾胃、大腸、腹部內臟方面之疾病。

其人自多疾病，長期以類固醇及鎮靜劑等來應付各種疾病的併發症。三十七歲曾動脊骨手術，用金屬片固定斷裂的腰椎。

顯而易見的是此人在命體上本質就是脆弱的，命格中火旺土燥太嚴重時，遇水也會受到沖擊，這是命理上一個現象。而且容易凶死，遇凶而亡。因此在大運正是『火貪格』時，逢天機、巨門化忌的流年，有鈴羊在三合相沖而遭刺殺。時間正好是未時。

在甘迺迪總統老家的地圖上，本來可以由一些小街道將此地形重新分割，而形成鐘形的地形形狀，則是好的，此鐘形地形上的人能有名聲響亮，如洪鐘般響亮，而遠播至海內外。但是小街道的磁場力量較小。由空中俯視時，整片地區，仍會以大街道或較寬、較明顯的街道或河流框起來。在這塊被框起來的土地中，就會有其巨大的磁場效應，這種磁場效應，也只有具有較旺級的偏財運格的人才能真正深刻體會。不具有偏財運格或偏財運弱的的人，偶而會被觸動一下，但感受不深刻，也沒什麼影響力，或影響力不大。就像這塊布魯克林的三角形偏財運風水上，只有甘迺迪總統及其父老約翰甘迺迪有暴發運而有較大的知名成就。其他的人只能沾光享受富貴而已。

例(二)

『韶山冲』的偏財運風水格局

在中國近代史上的關鍵人物毛澤東的傳記上記載著，他出生於韶山，位於湖南省湘潭縣西北與湘鄉、寧鄉兩縣接界。韶山又稱龍山，傳說此地是舜遊覽過的地方，因此地地勢狹長，故又名『韶山冲』，由南而北，長五公里，東西寬三公里，遍山生長著松、柏、杉、楓，以及夾雜著叢生的楠竹，景色十分優美，並有溪水流過。

『韶山冲』的地形基本上就是偏財運風水地形，它屬於『武貪格』中的一型，主要以韶河、石獅江兩水為骨架，構成西部較隆起，往東和東南傾斜的地勢。也就是長條形地形，兩頭有出口的地形。

凡是住『沖』的地形上的人，最多也只能是家底微薄的小康之家，這已是很不錯的了，而且住在其上的人，也必定要離鄉才會有發展，但住在『沖』上的人，也必是較封閉的鄉土之人，安土重遷，因此不太會離開『沖』地，向外發展。只有命格中有暴發運及偏財運的人才會在運程催促下離鄉打拚而開擴視野。這位毛主席正是具有偏財運格的人，因此會有外出唸書的機會，進而成就了《韶山毛氏族譜》上對毛澤東所說的：『闊中肆外，國而忘家』了。

毛澤東的命格是『貪狼化忌、文曲坐命申宮，遷移宮有廉貞、鈴星相照命宮』，因此是命、遷二宮形成『鈴貪格』偏財運格的人，因為本命帶有貪狼化忌之故，故也是古怪的偏財運格。其人在性格上也會有其古怪的一面，這就是地利和人命，以及天時（時運）所交織成三度空間所形成之歷史結構了。

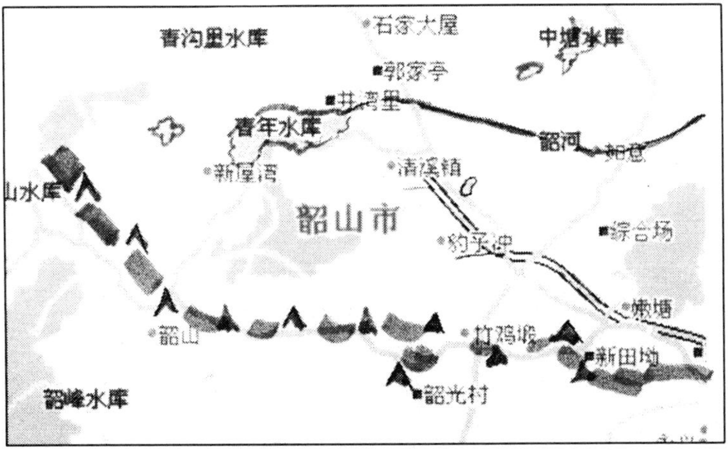
青沟里水库
石家大屋
中塘水库
郭家亭
井湾里
青年水库
韶河
新屋湾
清溪镇
山水库
韶山市
综合场
嫩塘
韶山
新田坳
韶光村
韶峰水库

韶山地圖

再加之毛氏幼年所住之韶山冲的家宅是名叫『上屋場』，當地人稱之為『一擔柴』式的『凹』形房屋，是一進兩橫、居住兩戶人家，堂屋正中為界，各住一半。在這棟房子中，分別住了鄧姓和毛姓兩家人。

這種『一擔柴』式的房子，左右兩邊就會分陰陽，房屋的運氣也會分為陰陽！而以八十年為陰陽運氣交替的循環。毛澤東出生時正為上元二運之時，有利於他們這一邊家宅之運程，故能誕生出撼動歷史之人物。

例㈢

利歐丁（Leonding）市的偏財運風水格局

從資料中顯示：希特勒在一八八九年出生於巴伐利亞和奧地利的邊界布勞腦（Braunau am Inn.），但四歲以後，其父將家遷至利歐丁市（Leonding），並在此生長及受教育，父親是低層公務員，生活並不富裕。

我們由地圖上的大環境來看，利歐丁市位於北由多腦河，南有及其支流形成的三角地形之中。如果再用中程的距離來看利歐可市周圍的環境，又發現此市區正位於兩條大道相夾的地帶。如果再細看地圖，會更發現其人所住之房舍正是在一塊狹長地區上，四周有街道（Stadtpasse）環繞著，正形成貪狼地形的偏財運風水格局。

偏財運風水大解析

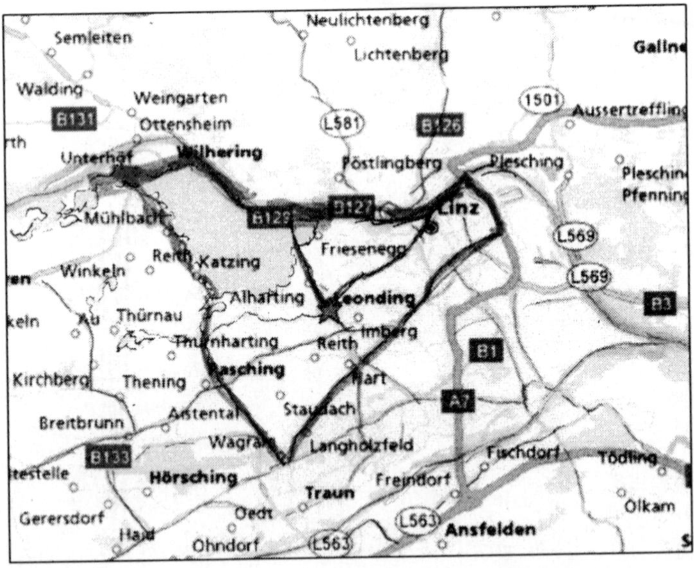

Leonding 之偏財運風水

我們再檢視希特勒之命格，也是具有偏財運格的人，他是擎羊、左輔、右弼坐命，對宮有武曲化祿、貪狼化權、火星、天空等星相照的人。

凡是偏財運格由命、遷等對宮，或命、財、官等三合宮位所形成的人，皆是會性格古怪的狀況。況且他本命及偏財運格還帶傷剋，自然無法善終。有偏財運格的人再居住於偏財運風水之上，必早日受催促會離開出生地或生長之地而能大發。

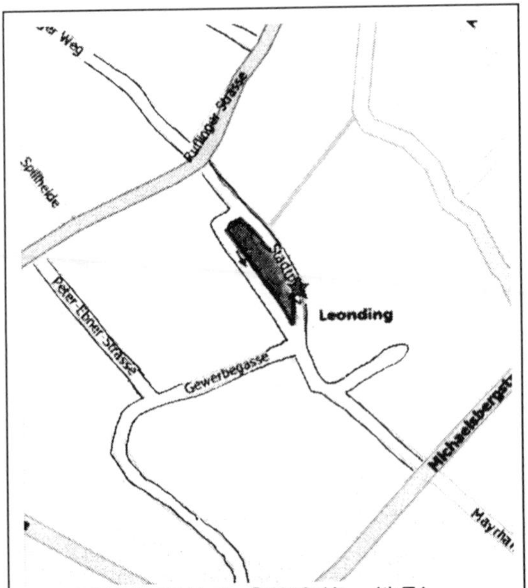

希特勒所住之『武貪格』地形

希特勒出生地

希特勒幼年住屋

第四章

小型偏財運風水 遍佈全球文明世界

❋❋❋❋

經濟發達後，新市鎮的開發、興建公路、鐵路，則會形成更多的偏財運風水。

第四章　小型偏財運風水遍佈全球文明世界

『偏財運風水』如何分大小呢？大家會很奇怪？

『偏財運風水』分大小的方法有二：

一是以『偏財運風水』形成的方式來分。例如前者所談的美國甘迺迪總統家，或毛澤東的舊居等等。主要是以有大川、大山、大路所圍成的，又以在兩、三萬尺高空俯視地面，都能很清楚的看到其所結成三角形或長條型之形狀者，稱之。此外像大河、大江的出口入海處所形成之三角洲，或大河河流經彎曲所形成之河灣、河套之所，皆為偏財運風水之寶地。但是填海造地之海埔新生地，以及像荷蘭用木筏連結起來形成地面，在其上架構住屋、街市，地底下仍是海面的地區，是無法形成偏財運風水的。還有像泰國一些水上人家，以船屋居住，也是無法形成偏財運風水屋。像美國曼哈頓島，也是無法製造出偏財運風水的。現今有衛星在太空中循迴環繞，能把地球上每一吋土地拍攝地圖傳回地球，還有外國網站提供各地區地圖，這是最容易尋找搜尋偏財運風水的方法了。

大江、大河的出海口地區，最容易形成大的偏財運風水了。例如大陸的上海市。東面是太平洋，又有黃浦江、吳淞江等流域蜿蜒而過，大的區塊會形成大的偏財運格局。不但如此，又在上海地區其中尚有小的塘渠，如虬江、洄塘、徐浦、松浦、寧浦、南浦、上海浦、下海浦等等，這些也能在地形上，結合道路、街道形成偏財運風水。

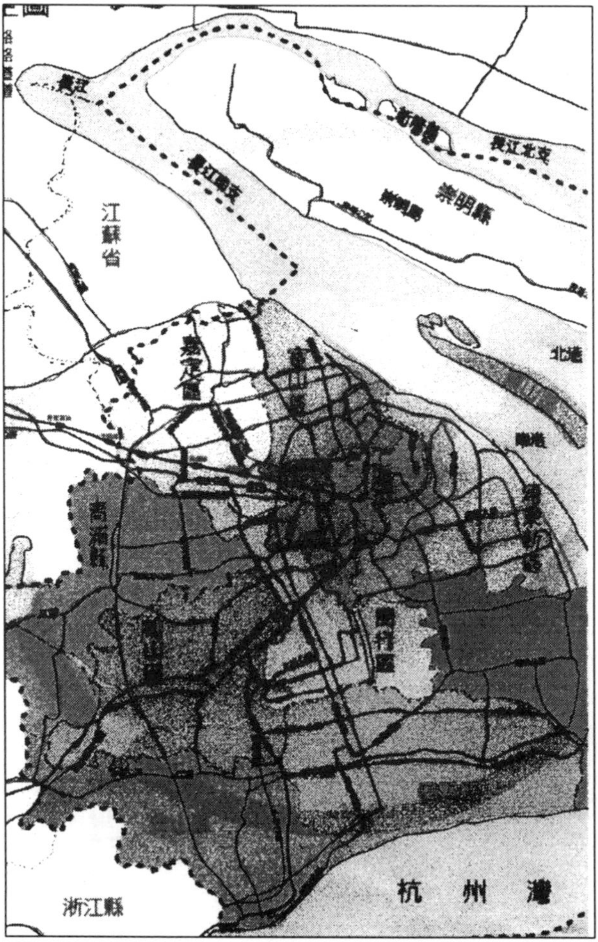

上海地圖

會流過數個縣市的河川，以及省、市、縣的幹道所形成之偏財運風水，為中型的偏財運風水。

第一節　縣市街道及巷道所形成的偏財運風水

小型的偏財運風水即是縣市中、小的街道及巷道，或小的溝渠、小河流以及支線鐵路道所相互交叉所形成之偏財運風水。

小的偏財運風水往往是市鎮開發後，不斷與闢道路、公路或鐵道，再加上原有地形上之小河川或溝渠、流水、圳塘所形成的。因此也往往是人口愈密集的地方，則小的偏財運風水格局愈容易顯現出來。例如台灣俗稱的『三角窗』店面舖位，就是真真實實的偏財運風水了！因此說『偏財運風水遍佈全球文明世界』是一點也不為過的！愈是經濟發達的國家城市，也愈多偏財運風水格局的地方。

自然也愈容易讓某些具有偏財運的人得到暴發機會了，只要地氣、人氣和時間、空間相結合，自然能爆發出驚人的火花，讓某個人得到大富貴的。

以台北士林區為例，即是偏財運風水格局，士林有基隆河和外雙溪注入基隆河。很早就有中山北路之幹道，將地形切割成三角形，現今又有淡水捷運線經過，更形成其風水態式。因此你可發現到樂透彩數次中頭獎之彩券行正在此偏財運風水格局之中央地點。

台北市的天母地區有磺溪和外雙溪交接所形成之三角區塊，也是屬於偏財運風水格局之地，現已有很多家大型百貨公司進駐了，未來不可限量。

此外像萬華地區是新店溪注入淡水河的地帶，並且有萬大路、艋舺大道，或中華路將之切割，其中也會有無數的偏財運風水格局

▽偏財運風水格局形式

會出現。

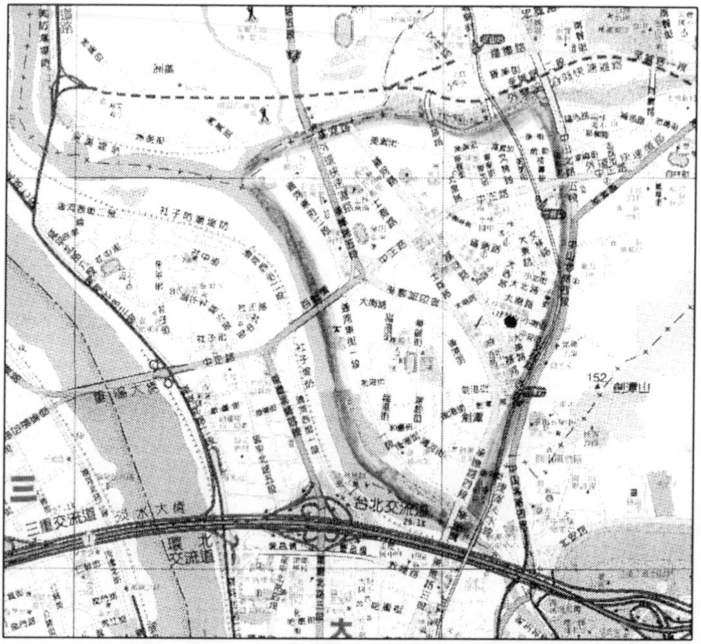

台北士林區地圖

三角圖塊為士林區偏財運風水區，
黑點為彩券行

又如景美溪注入新店溪而形成文山區和新店市一些區域的繁榮地帶成為偏財運風格局的地區。

另外，像板橋有新店溪和大漢溪相夾，並行成彎曲地帶，正是偏財運風水格局最好的地方。其中又有許多重要幹道、鐵道、公路通過，肯定會發不完的。

其實偏財運風水無所不在的！小小的巷道交叉相圍起來，也能形成偏財運風水。

最近，我應一位學生之邀，幫她看購新居的風水。她很高興的告訴：『房屋仲介公司的小姐告訴她，這是一棟『御飯團』格局的房子，仲介公司的小姐十分洋洋得意，但也說不出所以然，好在那裡？這位學生立刻來問我，何謂『御飯團』房屋？

其實『御飯團房屋』，說穿了就指的是偏財運風水格局的地形的房子。實際上也就是建地之地形為三角形的狀況。

當你聽到是偏財運風水格局的房子，千萬別高興太早！一定要好好看過、研究過房屋建構的實際狀況，才能下斷語，評好壞！通常賣房子的小姐，只知其一，不知其二，只抓住了『御飯團』三個字，覺得很可愛來唬弄人，其實再問下去，她也答不出有何特別之處了。

果不其然，我隨學生到達『御飯團』現場，發覺這是一批蓋在很小的銳角三角形的建地上的一批房子，最外面一排是面朝小街巷道是店面房子，門口地基較高，而這一排房子的後背地基便朝下低落下去，而地基外露很清楚。也就是說這排房子前後地基高度相差一、二尺，建商用填土的方式來隱藏此事實，但土還沒填。此塊三角形的建地另一邊則有汽車通行的地下道切過，汽車快速穿向地下道，看起來觸目驚心。不但如此，此塊建地夾在周圍許多大樓之中，它是最矮的，十分有壓迫感。另外在建地對面還有一棟廢棄工程的未蓋完的大樓，很多支柱子的鋼筋正張牙舞爪，像個惡魔般猙獰的直沖此塊建地而來。

這位學生起先一聽『御飯團』房屋就是偏財運風水的房屋，高興的不得了，大聲叫好。但我看後頻頻搖頭，勸她別買，別浪費錢，她也覺得失望。但房屋風水格局太差，也只得作罷，否則花了近千萬的錢財，因格局環境風水的問題，而遭災惹禍是得不償失的！房子前高後低是家宅不寧，會退運、退財。再加上根基不穩，新填土，地震時就很危險。此塊建地是銳角三角形的建地。前面說過：銳角三角形的風水格局定有刑剋。在這塊建地中，只能選三角形正中間的一戶為最佳的選擇，但因是銳角三角形建地，另一邊有煞氣沖來，事實上此三角形建地中每一戶人家都逃不過被沖煞的命運。並且，當偏財運風水格局的土地為有斜坡的狀態時，此種偏財運風水並不一定會發，亦可能家運倒退得更快，財運一泄不可收拾。住在其中，亦可能會被倒債、生病、家破人亡。因此，在山上若有偏財運風水，因有山坡傾斜的關係，是很少會發的。偏財運風水一定要是在一塊平地上才行，或者是在山地間已開發出一塊平地，再形成好一點的偏財運風水，也是可以發的。

御飯團地圖

第二節　其他條件所形成的偏財運風水

在偏財運風水中，有些是環境造成的，有些是地勢造成的，尤其在小的偏財運格局中，尚有許許多多的條件可形成偏財運風水，現在待我一一道來。

1 房屋外形成尖三角形，或屋頂為紅三角，或整個房屋為紅色古怪現象。

在外國有很多房子有這樣尖頂又有紅色磚瓦的房子（如圖），就是英國著名的紅屋（Red. House），這是五行屬火的房子，是具有咎的偏風水的房子。

2 或是屋頂有尖狀物、旗桿或避雷針。要較粗大的避雷針才行。但此種房子會帶刑剋。這與『擎羊』格局的房子亦很像。易帶

血光，或發了以後有災難發生。（如下圖）

英國紅屋

3 河流和公路、街道、火車道或電車、捷運（地鐵）所形成的三角形地帶，這會發得也快，暴起暴落也快。但一定會發。

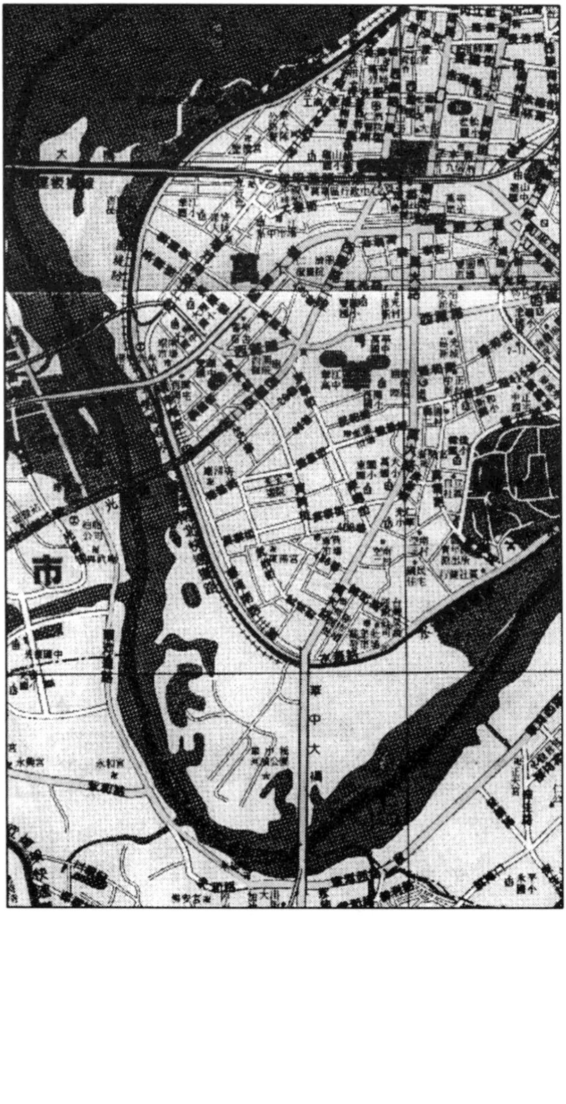

4 數條街道的交叉口所形成數塊『偏財運風水』塊面相互卡緊的狀況

（如圖），甲、乙、丙三塊偏財運風水塊面，呈輻射狀展開，但皆有一角朝向中心。這三塊偏財運風水皆會發，但面積大的、腹地大，會發得大。面積小的、腹地小發得小，或沒有感覺。面積較小的三角形偏財運風水，亦可能受到其他大塊面積偏財運風水地形的壓制和刑剋，會更窮、傷災、病災更多。在富岡就有這樣的地形，通常便利商店都會選擇這種俗稱三角窗的地帶來開店。但三角形面積太小，偏財運腹地太小，會被旁邊大塊腹地的偏財運風水壓制及刑剋，而且也易形成×形或y形街道風水，因此換了很多家招牌的便利商店，但仍有人不死心、不放棄，因此便利商店的招牌顏色就常換，一會兒綠，一會兒粉紅，一會兒大紅，老板也一直換不完了。而且聽說裡面工作的工讀生及人員，常車禍受傷，這自然是生意不佳，做不下去，但這總是個三角窗的店面不是嗎？

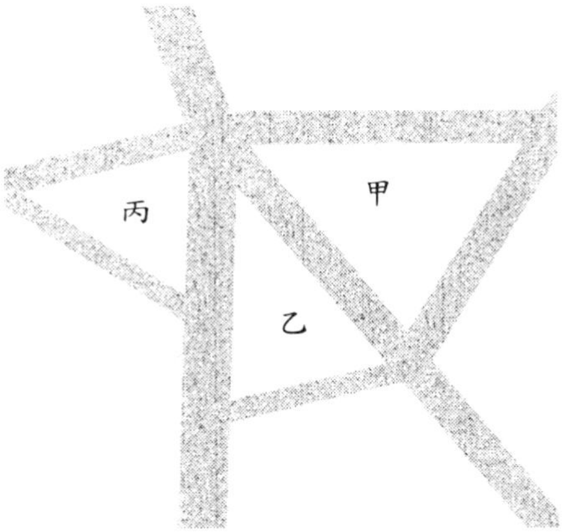

通常地名或街道名中有『富』字，如富岡、富源、富新、富民、富錦等字時，該地皆不富有，並且為該地最荒涼寂寥之地。大概有祈求富裕之望吧！

5 具有磁波頻率強的地帶皆有暴發運、偏財運。例如高壓電塔旁的住宅、發電廠旁的住家、電力公司輸送電力設備旁的住戶等等。

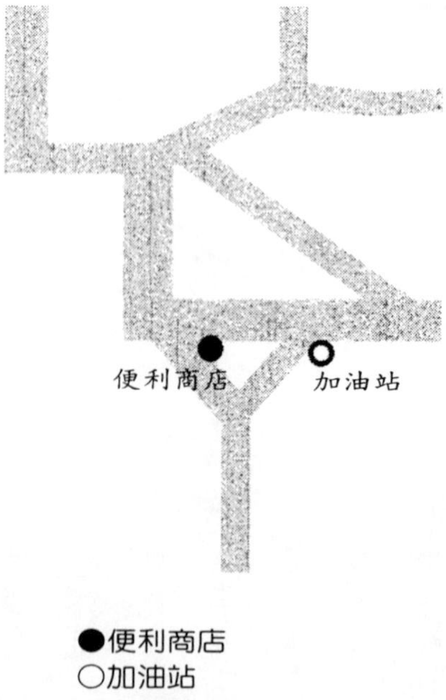

• 小的偏財運風水會受大的偏財運風水刑剋

住在電磁波強的地方，偏財運強，這千真萬確的事情。有一位從軍職的朋友常有偏財運，常抽中大獎不說，樂透也中過好幾次較大的獎金。大家也都知道他的偏財運很強，但他脾氣古怪，也從沒人敢和他討教。有一天，他自己來和我說：『老師！你看這偏財運好的不得了，隨便買買，就中獎了。你們還要算，我根本不用算！』言下之意：好運好到極點，擋都擋不住了。我向他說：『你家附近有電塔或變電所嗎？』他說：『沒有哇！為什麼這麼問？』他再想了一下，突然說：『我家住二樓，我的臥室有一面窗的外面剛好有一個電力公司的變電器還是輸電盒之類的東西，是供應我家附近電力之用的。有一天那個變電器跳電，我家周圍還一片漆黑呢！修了很久才修好。害大家悶了一個晚上！』這就對了，凡是有暴發運、偏財運的人，尤其是『火貪格』、『鈴貪格』的人，最容易住到這種帶火形的住宅之中。這種狀況有好、有壞。一方面暴發運強、偏財運多，其人會不可一世，自以為是旺運的人，很驕傲，也不太理人。另一方面，電磁波也會影響人的情緒和身體、生癌症、血癌或各種癌症的比率增高。另外也會發作精神疾病、躁鬱症的速度加快。本來有火、鈴在命宮、福德宮、遷移宮，或財、官二宮出現，八字上再火多的狀況，其人都易得精神疾病的躁鬱症，但受電磁波影響後，會更快發作，可能在三年、數年後就成為精神病嚴重的、無法工作的人。亦可能在數年之間發現癌症而病入膏肓。因此這種偏財運多半是有命中、沒命花的狀況。

某些住在電塔或電磁波強的地帶，但本身是正財命格，無法形成偏財運格，或是偏財運格為破格的人，仍不會暴發偏財運，只能承受強力電磁波的惡質運氣了。通常這些人也是貧、病交迫的狀況。只有遷居是對他們好的事。

6 屋頂為尖頂，或屋頂有較粗的避雷針的屋相也為偏財運風水的房子。例如有特殊造形的房子，屋頂上有像古堡一樣有一個三角形的突起物，如（圖六），或如（圖七），房子或大樓的一邊如三角形的斜邊一樣傾斜面下，或是房屋頂上有較粗形的避雷針（圖八），或是房子前後有旗桿等屋相，如（圖九），又例如像外國教堂，有尖頂（圖十），或中國廟宇有飛簷（圖十一）的屋相，也都於偏財運風水之地。

（圖六）

（圖七）

（圖八）

（圖十）

（圖九）

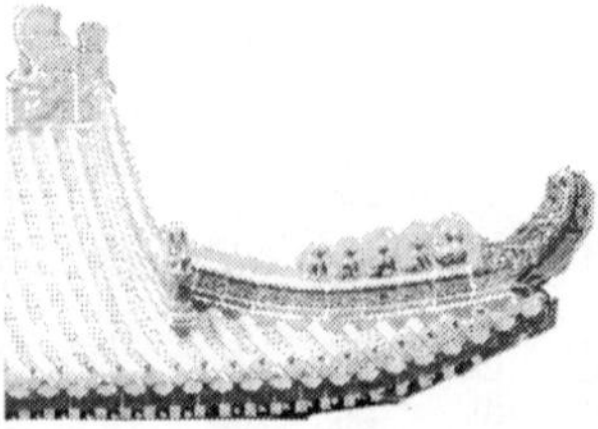

（圖十一）

事實上，**教堂和廟宇常是人發偏財運的地方**。某些學生信徒突然得到教會的資助而到外國留學，得到博士、碩士學位。這是偏財運！這不是每個學生都會得到的。多年前美國有一對夫妻檔的牧師很會傳教，因此得到龐大的捐款，從此過奢華的生活，但夫婦太過囂張，牧師又有性騷擾，及搞男女關係的敗行，因此被揭露，最後夫婦倆判刑入獄。這對夫妻就是用教堂這個偏財運風水，再加上自己人生的偏財運格，而快速發富，又暴起暴落的。聽說，最近這對夫婦已出獄，但勞燕分飛，但他們會不會東山再起，換個名字再找地點再傳教，再走發富的路子，我想是肯定會的。就像台灣許多廟宇中有神棍或寺廟委員會委員，當在廟宇中有醜聞爆發之後，又遷移到他處再另起爐灶一樣，因為人的經驗模式會影響人的思考，如果有一段時間會靠某些經驗賺到了大錢，以後他就會一直想再度拷貝這種模式去賺錢，而不想再想其他的方法去賺了。

寺廟也是偏財運風水之一，香火旺的寺廟偏財運更旺，香火不旺的廟，往往走陰運，要等很久才走到陽運來，才會發富。但某些拜陰神的廟，是其主事者不希望它轉陽運，故會待在陰運中很久，遲遲不轉陽運，但也無法香火盛了，錢財也較難多進了。

屋頂上巨大避雷針的房子，或屋頂上設有電信基地台的房子，遇下雨天、打雷閃電時，磁場會發生劇烈運轉，如果此時有偏財運的人住在其中，再去買彩券，是極容易中獎的。但現在大家都知道電磁場太高，會使人致癌。有知識的人會不願意出借自己的頂樓給電信業者做基地台了。但有一些人還是會。你去看那些出借地方給人做基地台的人，大都命宮、遷、福等宮有火星、鈴星，是否都長相和行為有些怪異，不太和別人來往，我行我素，也大多是窮的。

因此有一些小錢，他也要抓住，不管是否會影響到自己或家人的健康或性命。這種人住這樣的房子，他如果有偏財運格，他會爆發，但暴起暴落也很快，而且極容易變得神經質，很快得到精神病中的躁鬱症。常常是還沒檢查出癌症之前，已先得精神病了。

至於房子外觀像帳蓬一樣，呈三角形，屋頂披蓋到地的房子，多半會做教堂或特殊用途，其中很少會住人。如果是傳教士住在其中，他最也要具備偏財運格，才會有不一樣的人生，否則為正財格的人，容易住不久而離開。

像阿拉伯的帆船大飯店，本身外型像帆船的帆一樣，又豎立在大海上，是人工與科學的極致。它本身就是一幢具有偏財運格的大飯店，在極短的時間就能招來巨大的財富。但此棟建築亦會刑剋不斷。帆船的造形五行屬火，豎立海中，為火水相剋的局面，又因受風阻力的影響，目前地球上氣候轉變也很突兀，以後要小心像南亞海嘯的事發生，或是逢火土年，有火災，付之一炬而煙消殞落。

帆船飯店照片

屋前或屋頂有旗桿豎立的房子，多半是機構或學校，或紀念堂、博物館之類的房子。但也會有人住在廣場邊，廣場上有旗桿而形成此種有旗桿在屋前或屋後的形態。這種房子也會具有偏財運，但要看旗桿離房子的距離有多遠，離得近的影響大，離得遠的，影響小。還要看住的人是否有偏財運格，有的話則會發。另外還要看此旗桿是否在用。有些是廢棄不用的旗桿，表示已入陰運、衰運，偏財運就不易發了。此外，有偏財運格的人，又想暴發的人，須住或坐在與旗桿正沖的位置才會發得快，但有刑剋、傷災。所住的房間或坐位在旁邊，縱使其人有偏財運也不一定發，這和路沖的道理是一樣的。

7 庭院的花木與屋形也能製造偏財運風水

通常命格中火多或命、財、官、夫、遷、福中有火星、鈴星的人，在選擇住宅時多半會選紅色多一些的房子住，例如屋頂是紅的，或牆是紅磚牆等樣子的住宅來住，紅色的住宅由具有『火貪格』、『鈴貪格』的人來住，是最容易有暴發運、偏財運的了，但也要小心易失火。

在桃園有一戶庭院非常有意思，如圖（封面右上角亦有彩色圖片），庭園中火紅的雞冠花很茂盛、興奮的向上張揚著，像火燄、火苗在搖曳不停。搭建的鐵皮屋，屋形用紅色勾邊。據說也是中了彩券，買了這塊地來做工廠的，但地質不佳，在進門口旁邊還有一塊小小的墳墓，很不好看，因此撒些種子種花蓋起來，陰錯陽差的撒的是雞冠花種子，因此就長成一片如火海似的庭園了。我想也是這位工廠廠主又該發了吧！否則為何不會買到別的花種來種呢？其實要把整間庭園種的紅通通的，還真不容易呢！

這種庭園種的紅色一片，是屬於『火貪格』或『鈴貪格』的偏財運風水。我曾看過一個武貪格的人，在南部把他的庭園種植排成長方形的柏樹，這也就是『武貪格』的偏財運風水了。

『火貪格』或『鈴貪格』的庭園

紫微算命講義

本書是法雲居士集多年論命之經驗，與對命理之體會所成就的一本書。本書本來是為研習命理的學生所作之講義，現今公開，供給一般對命理有興趣的朋友來應用參考。

本書內容豐富，把紫微星曜在每一個宮位，和所遇到的星曜相結合時所代表的特殊意義，都加以一一說明。星曜在每個位置所代表的吉度，亦有詳細分析，因此本書是迅速進入紫微命理世界的鑰匙。有了這本『紫微算命講義』，你算命的技巧，立刻就擁有深層的功力，是學命者不得不讀的一本書。

第五章

不良的偏財運風水會帶人進入邪魔歪道

❀❀❀❀

不良的偏財運風水會發生慘案及為財殺人，也會使人瘋狂，非常可怕！這是極度刑剋的格局。

偏財運風水格局形式

第五章　不良的偏財運風水會帶人進入邪魔歪道

好的偏財運風水會引領人進入旺運程式階段，繼而爆發好運，升官發財，或是獲得最高權力，或是發大財，或是擁有控制一方百姓性命、財富的權力。不好的偏財運風水則會使有暴發運的人，在發了之後，易走入無法無天的顛狂境界，來殘害自己周遭的人。

偏財運風水有格局大小之分。個人之偏財運也有大小之分。像前面所談及的希特勒之偏財運能做到納粹及德國領導人，能與風作浪、顛覆了大半個地球，這就是大的、壞的格局的偏財運格局。

最近台灣彰化二水鎮所發生的洪若潭將自己一家人送入焚化爐，毀屍滅跡，讓一家人神奇消失在地球上的命案，以及轟動一時，達數月之久的台東搞軌案，其實也都是因為偏財運風水和具有偏財運命格的人相互磁場作用，所產生的駭人狀況。

據說，洪若潭早年做生意發過財，可見他有偏財運，因發在工作上，故很可能為『武貪格』的偏財運格。其人非常講信諾，重義氣，自己臨走前還會還清欠債才走。再加上其人佈置家院大門，處處以火形（三角形）以及紅瓦白牆的屋舍為主，其人個性古怪，凡事講求完美，自以為是，其人亦可能為同時具有火、鈴等『雙重偏財運格』之命格。再加上其地理環境為在彰化二林鎮之中西里，地處於二林溪和魚寮溪之間。其間又有二城路、斗苑路，多條幹道，將之地形切割成三角形地形之偏財運風水格局。大環境即是如此，地理環境、地氣、地運，再加上其人天生之性格及精神狀態，必會在一個特定的時日中，爆發驚人的問題，這種問題，因其人性格思想的古怪，也往往是殘忍、血腥、不人道的狀況。此人的行為也會超出一般人難以想像的境地。

彰化二林凶宅地圖

彰化二林凶宅地圖洪若潭宅山形大門
台東搞軌案凶嫌住處形勢圖

南迴搞軌案的古怪，在我看來，也屬於偏財運格局的突變所產生的惡質後果。

此案的原本主角是現已自殺身亡的李雙全。其人在五、六年前便已謀害了前一任越籍妻子，使其被眼鏡蛇咬傷致死。在二〇〇三年（未年）再與越籍陳氏紅琛結婚，前後兩次製造火車事故，第二次在二〇〇五年六月二十一日，南迴鐵路出軌案中，致其妻致死。二〇〇六年三月二十二日晚自殺身亡，我們由許多的時間點來觀察，可以看出他兩次謀劃殺妻事件，皆在卯、酉年。因此卯、酉年是一個關鍵點。通常，人會想到殺人，再加上謀財害命，想詐領保險金，多半是『窮凶極惡』。因為窮又欠債，或想找尋更多的錢財來享受，才會出現極惡的野心來預謀殺害自己身邊的親人。另一方面也因為他曾經得逞，吃到甜頭，而想再用相同方法一做再做。通常，在卯、酉年運氣最差、最窮的，就是『紫微在巳』與『紫微在亥』兩個命盤格式的人了。他們在卯年、酉年會走廉破運或天相陷落運。凡是會走這兩個運程的人，在卯、酉年必窮，或有不吉之災事。如果再有文昌、文曲或化忌、擎羊、天空、地劫、火星、鈴星同宮，也會更窮，或更窮的古怪。

另外，也可以說，凡是會走廉破運及天相陷落流年運程的人，也必有『武貪格』在命盤之中，亦會在丑、未年有爆發之勢。因此，我斷定李雙全其人也是具有暴發運、偏財運格局的人，否則他不會在一次詐領保險金時，順利領到花用。其實他完全不知道這是也本身具有偏財運格的因素。但是他的偏財運格是否是好的？是否有刑剋？由這次事件能斷定是刑剋極重的偏財運了！此人又喜歡玩股票、玩賭博遊戲，這些都顯然是稍具偏財運格的人所會具備的先天性格。這種性格亦可稱之為賭徒性格。這與之前為詐領保險金之殺人魔陳瑞欽，先後殺死六名親人的狀況也頗相似，都是在命窮時想作案，在有偏財運時，僥倖拿到保險金，沒被發現，因為得之容易，便想依法炮製，因此會接二連三的犯案。

通常具有偏財運格的人會具有一些怪癖。偏財運愈強的人，怪癖愈多而愈重，性格古怪、強勢、凶狠。如果偏財運再帶有殺氣、煞氣，形成有刑剋的偏運格時，就會產生邪惡、刑傷身邊的人。在命理上有『因財被劫』而窮凶極惡，持刀殺人或被殺的命格。具有偏財運的人，也會遇到如此狀況。況且具有偏財運的人其本人在運程上就有『暴起暴落』的特質，因此因暴發運圖謀而來的不義之財，也會在非常迅速、快又短暫的時間下快速成空。常常這人也想不出來是為何花得這麼快就錢也空空了。

從地理環境來看，李雙全的住屋位於台東豐源大橋附近。此處有利嘉溪流過，又有南迴鐵路和台十一線公路形成三角形之偏財運風水格局。台東是一個狹長地帶的地理環境，東臨太平洋，西有中央山脈依靠，台東和花蓮命稱花東縱谷，其地理位置位於歐亞大陸版塊與菲律賓版塊的交會處，其地理形態在地理學上有裂谷之稱。為兩板塊的隙縫，以花蓮外海到卑南溪口，所以此地形在地形上也類似，亦可稱之為『冲』的地形。再加上有許多小溪流會切穿海岸山脈，因此能形成多小的偏財運風水格局，但因河川又短促，集水區域小，流水量不豐，因此也多半成為偏財運風水的敗筆。會有時有偏財運格局出現，有時又不顯。要看天干、地支天象多水的年份，形成偏財運風水格局的可能性才會較高。

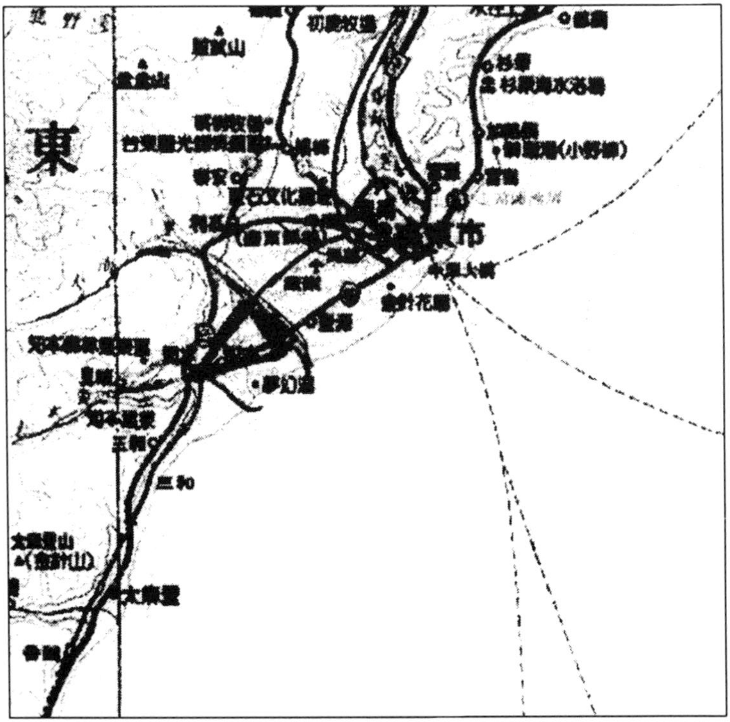

台東搞軌案凶嫌住處形勢圖

一般來說，農曆四、五月夏天出生的人，較易具有『偏財運格』。這種命格的人，也多半命中火多缺水，又逢二〇〇六年丙戌年，南迴出軌日為六月二十一日的人，在夏至左右，月份是甲午，形成火旺的氣勢，對於命格中火多缺水的人來說，是份外難熬的，常心煩意亂，頭腦不清了。此時也心火旺、心窮，而想圖謀不軌，或是想找點亂子，故意搞破壞，命格凶悍煞氣又多的，會想方法殺人、放火。命格中凶不及此的，有些人在鬧感情問題，離婚或分手搞得灰頭土臉。有的人在工作、事業、錢財、投資上一敗塗地。所以火多、土多、水多、木重，金重的年、月、日，都會有人在發狂、自找滅亡或自找災禍，這就是一些我們眼睛看不到的氣蘊在作祟，這也是我們常俗稱的流年歲運上的刑剋而使然的了。

第六章 何種人會受吸引進住偏財運風水之中

✿✿✿✿✿✿

命格中有『火貪格』、『鈴貪格』、『武貪格』，以及雙暴發運格的人，脾氣最古怪，也容易受吸引，住進偏財運風水之中。

偏財運風水格局形式

第六章　何種人會受吸引進住偏財運風水之中

前面說過了，**偏財運風水的形成其實很簡單，又容易形成**。常常由於街道、巷道的改變、公路的興建，亦或是河流改道，或高速公路的闢建，亦或是產業道路的開發，都會很容易形成偏財運風水，因為只要能形成三角形地塊之地形，或狹長形狀的地塊，就容易形成偏財運風水了。另外像架了高壓電的電塔、牌樓等等，亦或是屋前、屋後或房屋屋頂上有尖銳物，山形物或大片紅色物等等，亦或是被火燒過，原地改建的房屋，亦或是土質土色，再有尖聳物突起，或三角形之建築者，這些也都有助於偏財運風水格局的形成。例如桂林陽朔山水，山形成圓椎狀，就是偏財運風水格局。要看誰去住在那裡，也要看該風水格局的流年運程會在何時才發。另外像明朝開國皇帝朱元璋，幼年住在廟中長大，後來能成就其皇帝之命，此廟也必為偏財運風水格局。

凡是人要成就大事業，必要有其命格的先天條件——『格局大』。這個『格局大』包括了許多先天條件，例如人的先天條件素質好，具有不屈不撓的性格，有上進心、學習心，同時也具有掌握好運機會的先天敏銳度，與先天有趨吉避凶的能力，生命力強，不易受到刑剋，或是受到刑剋，但能復原快，或否極泰來。這樣讓生命不斷的受到試煉，慢慢茁壯，自然能形成後面最大的『果』了。自然在這種生命的茁壯過程裡，**最需要地理環境，『地氣』的幫助了。**

偏財運風水就是一種特殊的地氣，它能使人上進，更能使人野心強，還能幫人促發某些運氣。在古時候，許多學子上京趕考，因為貧窮或省錢，會在路途上住在廟裡，或在廟中苦讀，後來考中狀元的人，從此飛上枝頭做鳳凰了，比比皆是。當時看起來，似乎是此人苦讀成功的結果。但如果你仔細想來，可發現廟的建築物多半是尖角，或飛簷形式，如果廟的位置、地勢佔得好，這個地理環境就是最佳的偏財運風水格局了。也因此，住在廟裡的人歷代何其千萬，能真正考中壯元、解元、探花的，仍寥寥可數。這當然需要其本人的命格帶有主貴的暴發運格（亦稱偏財運格），而且要在旺運的時間點上，走進能促發自己暴發旺運的偏財運風水格局之中才能一發擊中，成為一人之下，萬萬人之人的天子驕子，得到最高榮耀。

在這一套暴發程式的命運鎖鍊之中，如果有某一個環節後繼無力，便會功虧一潰，也就成就不了如此大的功業了。

例如某些人的本命格局中，本命財少，或財多身弱不能任財，再加上偏財格不顯，或是本命財少、偏財運有但較小，縱然能進入偏財運風水格局之中居住，也會發得小，如低空煙火一般，或者是根本不發，毫無跡象，依然貧窮。

偏財運風水大解析

第一節　偏財運風水會吸引磁場相同的人進住其中

究是是什麼樣的人會順應命運進入到偏財運風水之中，這當然首推是具有偏財運格的人，才會在冥冥中像有神仙帶路，鬼使神差的進入偏財運風水之中。普通沒有偏財運的人，縱使是同樣居住在偏財運風水寶地之中，仍然不會感覺到有何異樣，或有何旺運產生，常常還會哇哇叫『好運在那裡？』『為何不是我有此好運呢？』

台北士林連開二次樂透頭彩的飛來發派彩行，大家都奇怪？為何中獎的都不是自己的員工，而是外來的顧客？這些員工已那麼接近偏財運的中心點了，但仍與偏財運遙遙相望，可望而不可及，你是否也會奇怪、有這種想法呢？

其實這家派彩行，大致說起來也算處在偏財運格局之中，門前是川流不息的幹道，背後旁邊是巷，能形成偏財運格局，但是必須是時空對了，時間及空間相互配合，具有偏財運格的人，又會在對他有利的時間，以及此間派彩行又是屬於他的方位所在，他才會走進這間派彩店買彩券，而能得中頭獎的。

很多人聽說這間店賣出過二次頭獎，紛紛來沾喜氣，來此店買彩券，也想有此中獎好運。但這就說不準了。因為這家店是否是你的吉方？財方？再加上你的偏財運格是否成格？是否有瑕疵，會不會發？還有暴發的時間為何？這些一一要配合妥當才會發！

光有偏財運風水也不發！多少人守在那偏財運風水寶地上也都沒發，光有偏財運格，時間沒到，也不會發，因此『天地・地利・人和』是偏財運暴發的必要條件。本身命格沒有偏財運的人，縱使待在偏財運風水之中也是枉然的。

（有關偏財運暴發時間的推算，請看法雲居士所著《如何算出你的偏財運》及《驚爆偏財運》一書，如欲找偏財運數字，請看《樂透密碼》）

我曾在《對你有影響的身宮、命主、身主》一書中寫下這麼一

段話：『每個人都是應運時間、空間的需要而出生的』。

所以具有偏財運格的人，也是應運家族需要，應運環境變化、應運家族中每個人相互之間所形成之關係，甚至應運天道、天時和地面上每一個地點之特性而應運而生的。例如：家道窮，會生出一個偏財運格的人，帶來一下子的短暫旺運來解救了父母燃眉之急一下。家道富，家中也會有其他的政治、權力相互傾軋不和的狀況，使其父母情況危急，有此偏財運格的人誕生後，亦能解救父母於危難之中。

有一位軍人朋友，他是紫火貪命格生於酉宮的人，因為不知道確實出生時辰，常和我辯論，可是據其敘述，其母生他之時，是入冬的半夜，早年鄉村，夜晚黑暗，無路燈，也很少計程車。可是母親即將臨盆，腹痛難忍，其父扶她到馬路邊等計程車好去醫院，心急如焚，原本是根本不可能有計程車的，但等了沒幾分鐘卻來了一輛計程車，很順利的到醫院生下嬰兒，就是這位軍人朋友，再加上他皮膚黝黑中泛紅光，因此我斷定他是子時生的人，命格是紫火貪格，因紫火貪格的人是偏財運格，在出生時也是會為父母帶來好運的，因此會突然有計程車出現，有貴人將其母帶至醫院生產。

其人因有火星居旺在命宮，故會皮膚黑中發紅，有亮光。看起來十分健美，有人稱之為古銅色皮膚，實際其人皮膚還要紅。

凡有火、鈴入命宮的人，都屬於脾氣古怪的人，火、鈴亦是煞星，亦有其凶殘的內在性格。在某次聚會上，據其所說：很多年前他駐守金門之時，島上有一些流浪狗，也有一些是軍方所養之狗，有一天發現他們所養之狗兒們都生下了疥瘡，一查之下，發覺是流浪狗傳染而來的，他們因此往上報告，並建議將狗全部滅殺。數天之內殺了一千多隻狗，弄得金門真是腥風血雨，臭得厲害。本來是溫馨愉快的餐會，這一下子立刻氣氛殭硬，令大家瞠目結舌。有人直接罵他沒水準、沒知識！難道不知道狗疥瘡是有藥可治的，實在不必殺生，做出如此凶殘之事的。他也發覺受到指謫與攻擊了，立刻推說，這是上司授令，不可違反等等理由，聚會很快就散了，以後也沒人再想跟他聚會。

後來有別的朋友問我：為何你說他有偏財運？但他又如此凶殘，殺了那麼多生靈而不當一回事？

其實有偏財運格的人，多半性格強硬，對於將暴發的事物意志力強，即使是命格中有『刑印』格局，會懦弱的人，若是亦具有偏財運格的話，在其暴發偏財運的時間點內也會性格突然強硬起來，一反常態做出令人咋舌之事，讓人刮目相看。

屬於人的偏財運格，有武貪格（下分辰戌武貪格及丑未武貪格）、『火貪格』、『鈴貪格』。

武貪格

『武貪格』中之『辰戌武貪格』，是在命盤上之辰宮、戌宮有武曲、貪狼相照而形成的。也就是命盤是『紫微在寅』及『紫微在申』兩個命盤格式的人會具的偏財運格。在此格局中若再有火星或鈴星在辰宮或戌宮出現，則屬於『武火貪』或『武鈴貪』的雙暴發格。有雙重暴發運。

紫微在寅

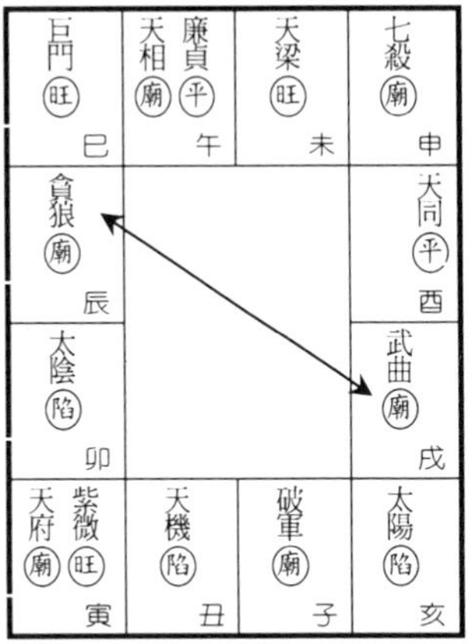

紫微在申

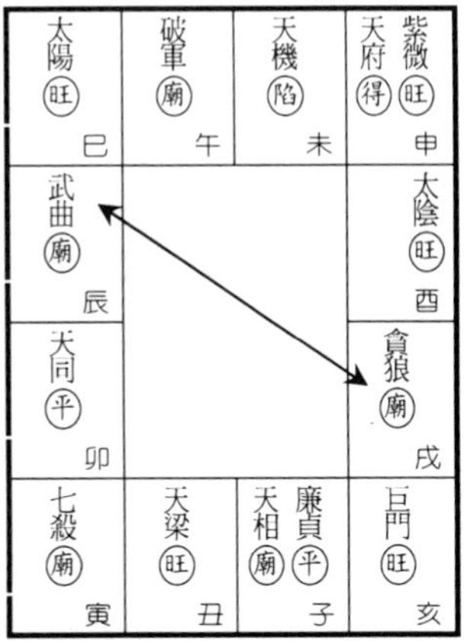

丑未武貪格：是在命盤的丑宮或未宮有武曲、貪狼雙星並坐而形成的。也就是命盤是『紫微在巳』、『紫微在亥』兩個命盤格式的人會具有的偏財運格。在此格局中若再有火星、鈴星在丑宮或未宮出現，就會形成雙暴發運格，有雙重暴發運。

紫微在巳

紫微(旺) 七殺(平) 巳	午	火、鈴 未	申
天機(平) 天梁(廟) 辰			廉貞(平) 破軍(陷) 酉
天相(陷) 卯			戌
太陽(旺) 巨門(廟) 寅	武曲(廟) 貪狼(廟) 火、鈴 丑	天同(旺) 太陰(廟) 子	天府(得) 亥

紫微在亥

天府(得) 巳	天同(陷) 太陰(平) 午	武曲(廟) 貪狼(廟) 火、鈴 未	太陽(得) 巨門(廟) 申
辰			天相(陷) 酉
廉貞(平) 破軍(陷) 卯			天機(平) 天梁(廟) 戌
寅	火、鈴 丑	子	紫微(旺) 七殺(平) 亥

『武貪格』中之武曲是正財星，同時也是代表政治、軍事、商業，注重利益鬥爭之星。很剛硬、意志力強。貪狼是主慾望、貪念，掌權、掌握好運之星，也會運用智慧奪權、鬥爭。因此凡是命盤上具有『武貪格』的人，皆有競爭心，想超越別人，獨享好運。這些好運包括了財富及掌權、地位等，能控制其他人的手段等等。

倘若你周圍有武貪坐命的人，你可以發覺他的脾氣是非常古怪的，很少說話，不太和人溝通、悶悶的，小時候功課平平，也不特別聰明，但是三十五歲以後會開始有好運，和幼年大不相同，彷彿換了一個人似的。這是因為『武貪不發少年時』，所以會小時了了。三十五歲以後才開運，走老運。武貪坐命的人小時雖悶悶的不吭聲，但他的自我教育在這種時候漸漸完成。個性也在此幼年時期形成。形成的有果斷的毅力與行動力，還有觀察好運，和直覺上去搜尋好運的能力，以及建立自己頑固的喜好和對是非善惡的評比標準。

武貪坐命的人，會嫉惡如仇，凡是自己認為不對的，便強力排斥或攻擊。例如：某些武貪坐命的人是不喜歡賭博及買彩券的，不但自己不買，也不准家人買，否則他就覺得此人是賭徒或敗家子！武貪坐命者之暴發運，多半暴發在事業上，也會大多數的武貪坐命者之身宮落於官祿宮，這表示其人重視事業、熱愛工作，同時也會對家庭很用心，把家庭看做事業的一部份，小心守護，不讓其有任何不完整的地方。雖然有的武貪坐命者仍是會離婚，那在他的命格中也必有刑剋受傷的部份，這對他來說也是最大的一個打擊了！

現在要說到命盤中有『武貪格』的人，也會具有和武貪坐命者類似的一些習性和性格上的問題。因為在命盤上的『武貪格』通常只佔有命盤上一個宮位或兩個宮位，因此這種武貪格的性格，通常只在行運到『武貪格』時才會發作。在其他時間，就會有其他不同的性格產生。

如果命格是武貪加火星或鈴星坐命的人，其性格會更古怪了，好像會特別聰明，但脾氣暴躁，不像武貪坐命者為了達成某個目的、目標那麼有耐性。反而做任何事會一時興起，又像一陣風一樣掃過。特別喜歡流行、好虛榮，有時愛現、做事速度快、馬虎，常常靈光一現，便馬上行動了，做不成又立轉換目標，一刻也不多停留，因此做事成功機會完全碰運氣了。但他們在財運上有好運，所以生活上不會成問題。凡有火、鈴在命、遷、福德宮的人，多半易有躁鬱症，精神方面的疾病，有時興奮過頭，有時情緒低落，而且很容易發病。火星、鈴星皆是刑剋的煞星，入人命皆對其人有刑剋，致使其人行為怪異，也就不那麼讓人難以瞭解了。

在命盤上有『武火貪格』或『武鈴貪格』時，其人在走雙暴發運的同時，也會有怪異行為，同時也會有精神上之問題，躁鬱症等問題，只是情況沒前者嚴重，而且過了雙暴發運的時間，有時就會恢復原來的自我了。

『雙暴發運』在理論上會暴發財運或事業運會較大一些，但暴落的速度也會非常快。常常這些具有雙暴運的人跟我說，還沒真正享受做富翁的樂趣呢，錢財就快速不見了。這就是火星、鈴星造成偏財運的快速出現，與快速消失。

火貪格

『火貪格』就是命盤上有火星和貪狼同宮，或火星和貪狼在對宮相照的格局，稱之。這種現象在命盤中十二地宮皆會出現，前面所稱，在辰、戌、丑、未等宮，容易和武曲、貪狼一起出現。其他時候，例如在子、午、卯、酉等宮，容易和紫微、貪狼一起出現。或是在寅、申、巳、亥等宮，容易和廉貞、貪狼一起出現。

『火貪格』的暴發運、偏財運之大小，完全看火星和貪狼的旺度而定。火星、貪狼一起居廟的、居旺的，則暴發偏財運最大，例如在戌宮及午宮的火貪格。此兩星中，火星是促發偏財運的最佳條件，如果火星居旺、貪狼居平、居陷，仍是能發得大又快一些。但如果火星落陷了，則就會發得小或發不起來。

鈴貪格

『鈴貪格』就是在命盤上有鈴星和貪狼同宮，或鈴星和貪狼在對宮相照的格局，稱之。這種現象也會在命盤中十二地宮皆會出現。前面所說的，在辰、戌、丑、未等宮，會和武曲、貪狼一起出現同宮或相照。其他時候也和火星一樣會在子、午、卯、酉等宮，會和紫微、貪狼同宮或相照，是一起出現的。或是在寅、申、巳、亥等宮和廉貞、貪狼同宮或相照，是一起出現的。

『鈴貪格』也和『火貪格』一樣，如果鈴星和貪狼同時居旺位的話，能暴發極大的偏財運，其旺度甚至可超過『火貪格』，是超厲害的偏財運格。而如果貪狼不旺，居平或居陷，則要看鈴星的旺度來決定爆發得大小規格了，鈴星和火星一樣也是在寅、午、戌三宮為居廟。在申、子、辰三宮居陷。在卯、亥、未三宮居平。在巳、酉、丑三宮居旺。鈴星居旺時能促發偏財運，但也快發快滅，暴起暴落。『鈴貪格』比『火貪格』更易爆發，及爆發的更大。但也會比火貪格更古怪一些。

當人之本命格是『鈴貪格』和『火貪格』時；其人性急、話不多，如果話多，易是有貪狼化祿或貪狼化忌的人，有貪狼化祿的人，(易是喜和人哈拉、說些無聊的，討好人的話語之人。有貪狼化忌的人，則易嘮叨些不高興的事，讓人討厭，其人的偏財運也易有古怪現象，不是不發或有刑傷剋害的事連帶在偏財運中。例如車禍或傷傷接受賠償之內。）

火、鈴皆為煞星，火貪格、鈴貪格雖為暴發格，偏財運格會為人帶來財富，但有些格局在命格或命盤上時，其人生也必有不美之處。

要看『火貪』、『鈴貪』在那些宮位形成的了。**在夫、官形成，**事業會暴起暴落，家庭不美，易離婚，最後孤寡。**在子、田二宮，**子息少或無。家無恆產，或是曾經有，但會消失不存。

其實，放下『火貪格』、『鈴貪格』不論，在命理上，只要有火星或鈴星出現在命宮、遷移宮、福德宮、財帛宮、官祿宮的人，都要小心有精神躁鬱病症的狀況。由以火、鈴在命、福、遷三宮為最嚴重。

燥鬱症常常出現偏執狂和過度興奮或過度情緒低落，情緒好壞反差很大的狀況。發作時會歇斯底里，做出可怕的事，但時間點轉移，移動，過了一陣子，其人又會恢復正常。有時也完全不記得原先歇斯底里的狀況。

有一對父母常著讀國中的兒子來算命，因為兒子時常情緒激動時，會三、四天不睡覺，會整天日以繼夜的上網聊天或上網買東西十分可怕。一下子就訂了上萬元的電腦器材，讓生活規律又節儉的父母大感吃不消，雖也帶至醫院精神科去看過病了，證明是躁鬱症，但這對父母仍想找出原因，為何兒子會突然變了一個人似的。這位國中生是廉貪、火星在巳宮坐命的人，本命是暴發格，本命火旺。平常時還好，言行很正常，也非常懂得節省，又會存錢，但發作的時候，會吵著要買這買那，父母不許，就會吵翻天了，像變了一個似的，我也認為當他發作時是根本無法自我控制的。．

另有一位有火星、天空、天相在丑宮為福德宮的中年女士，也已躁鬱症十分嚴重了，清醒的時候少，已無法工作，需要家人照顧，但配偶已以精神病為由，申請離婚。由其姐妹常探望照顧。

台灣地處亞熱帶，會出生這種命格中火多，及又有火、鈴在命、財、官、遷、福等宮的人，實際上比例是很大的。倘若是在西方國家，或較北方、較冷，方位屬於金水系統（西方或北方）出生的人，要時間上巧合，如生於夏季及時辰上碰到，才會生到命格中有火、鈴的人，自然是命格中有某種刑剋，才會成為性格如此的人。

命格或命格中有火、鈴的人，性格急躁、火爆，但十分聰明，喜歡流行時髦的事物，也特別對科學事物感興趣，喜愛手機和電腦資訊等高科技的東西。就像彰化二水的洪若潭要設計自己與一家人消失，會去購買焚化爐，並研究試驗其構造，直到十分完美成功達成自己目的為止。

例如搞軌案的李雙全要謀財害命，也利用須有專業技術的方式，去拆鐵軌的鉚釘，來設計火車出軌，這是常人不太會用這些心思的。又例如希特勒最風光，衣錦還鄉，及屠殺猶太人最厲害的時候，是一九三六年、一九三七年、一九三八年左右，也就是丙子年、丁丑年、戊寅年之際。因此你也可看到這些人瘋狂到要自取滅亡時，也差不多在夏天和火多之時。譬如說洪若潭在二〇〇二年（壬午年）九月（庚戌月）午戌會火局時的天干來做案。李雙全在六月二十一日（農曆五月）做案，隔不久便自殺。希特勒在一九四三年四月三十日自殺身亡。是故，這些具有火、鈴在命宮，或命格之中的人，會具有怪異或殘暴的行徑，但也會在火旺的時刻，及如火苗般的燃燒殆盡，為生命劃下終止符。

前面說的是命格帶火、鈴或命格火多的人，其精神狀態異於常人，非但如此，這些人會選擇的住所，或裝飾、佈置自己的住所，也會有很多怪異的形狀圖形或形象。例如山形、尖角上突的大門或房屋四周有尖銳物：電線桿、瘦高的煙囪，或屋頂上有紅色三角形的圖案，或如尖刀插在圍牆上，像希特勒的納粹總部，或他辦公大樓會掛一排長形垂吊下來的鮮紅旗幟，旗幟上有宛如鐮刀般的『卍』萬字圖案。這就是他們需要火形又尖銳的東西來振奮他們的感官，讓他們有興奮感，才能完成他們自以為是的目標。因此偏財運風水格局也會緊緊的跟隨他們，一刻也不分開或者可說是冥冥之中，他們這種命格的人就是會選擇及尋找到這種住地來居住的，亦者或說，那些偏財運風水早就俏俏的在等候他們進住了。

何種人會受吸引進住於偏財運風水之中

據我多年觀察，一般地形是『火貪格』或『鈴貪格』的偏財運風水格局，最容易吸引命格中火多，或是本身具有『火貪格』或『鈴貪格』暴發運（偏財運）的人，會受這種人和地氣，以及時間點上的吸引及融合，是人數和事件最多的。佔整個受到偏財運風水影響的人中的三分之二。

這其中又有些狀況：就是命、遷、財、福、官等宮有火星或鈴星，而命盤格式中有『武貪格』，其人會因『武貪格』而發，天生也具有極強的爆發力，但此類人仍會居住或生活在火形的環境之中。這是因為命、遷、財、福等宮有火、鈴的關係使然的。倘若此人的喜用神要金水來到，其人的元神會受到傷剋，雖住於火形的偏財運風水之中，就會有傷災、病痛，或一大堆不吉之事，或不行正道，生活也不會順利的。

這種有傷剋的偏財運命格，由八字中亦可看得出來

常常八字中只有一個偏財運出現，在紫微命盤上雖能形成偏財運格，但常帶化忌、羊陀、劫空，因此常不發，要等待『用神得用』時才會發，但也多半用神不得地、不得時，也多半發不了。

（***用神不得地**：指的是大運走不到用神的方位。例如用神需水而其人一生大運，行的是火土運，故用神不得地，一生易不順，

窮困，及身體有病痛，多腎病、眼目之疾・相反的，用神需火的人，一生多走金水運，也是用神不得地。

＊用神不得時：指的是流年逢到相剋的年。例如前面用神需水的人，流年恰逢火年、土年，因此欠水很凶，易有災病、血光，因此不吉。反過來，命中欠火，用神需火的人，逢水年，亦是用神不得時。）

這種本身命格中之偏財運格有瑕疵或不完整，或是暴發力不夠強的人，也常會選擇到古怪、有傷剋的偏財運風水格局之中，那就會發生一連串古怪的事了。如果其人本性還善良，還膽小，平常還只是小試驗偏財運，貪心也不太大的人，其人所遭致的麻煩還小，只不過小傷災、小車禍、小病災、被騙、失財，生生氣自認倒霉罷了。如果貪念大，想弄個幾百萬、幾千萬來花花的人，如李雙全之流，就難免謀財害命，最後以自己的性命賠上了，這種有傷剋的偏財格命格的人，即使住在偏財運風水之上，也住不到好的格局之上，因為好的磁場會吸引好的人來居住，壞的磁場會吸引壞的人來居住之故。

就像士林那家開出二次中頭獎的飛來發彩券行，其老闆也必有偏財運格，才會在那裡開得下去。這個老闆為何自己沒中大獎呢？我想其一是此老闆很可能是能助他人中獎的命格，或是時候沒到。中獎要大運、流年、流月、流日、流時，三重逢合才會中大獎，也就是天時、地利、人和才能中獎。因此地點是偏財運風水格局，老闆的命和運也要和中獎的時間點是天運相合，老闆才能自己中獎。

倘若其他的人想要取而代之，在其地點上開彩券行，其實也不一定能做得下去，很可能很快便倒店、換做別行生意了。即使再來一個具有偏財運格的老闆亦是做不長，因為這又牽涉到前面用神得不得地，是否得時等眾多問題了。

本身具有偏財運格的人，會在冥冥之中進住屬於自己的偏財運風格局之中

本身具有偏財運格的人，因為他們的出生時間，就是能以『命運產生巧合』的時間。所以他們本身會具有特殊的敏感力，就會選擇和自己磁場相應合的偏財運風水格局來居住了。倘若環境不對，他也會在那裡生活不下去。

例如美國甘迺迪總統，他本身有『火貪格』，所住的宅院是火形三角形的偏財運風水格局，這因為其父老甘迺迪也是命格中有偏財運暴發運，這是他所選擇的宅第，而甘迺迪幼年在此生活就很舒

適，而能進一步達到總統之位，中途並無他遷。

又例如毛澤東本命是『鈴貪格』，住在『韶山冲』，這是『武貪格』之偏財運風水，命格和風水格局雖都屬於偏財格，但格局並不一樣，仍會有某些衝突，因此後來他會到陝西延安，那裡的窯洞是黃土高原的產物，具有火紅的顏色，對於他是『鈴貪格』的人，以及他的用神為丙火的人來說，就是『用神得用』了。

像是希特勒本身命格是『武貪格』偏財運格的人，其人幼年就住在長形『武貪格』偏財運風水格局之中，終其一生，大多數的時間，他都住在狹長形的『武貪格』風水格局之中，就連他最後和情婦一同自殺的防空洞亦是此種風水格局。

所以我常說：本身具有偏財運格的人不用怕！時候到了，你自然會走到符合你爆發偏財運的偏財運風水格局之中去了。

但是怕的是：你本身的偏財運有瑕疵，格局不佳，自然你也不會有那個腦袋和敏感力去順應時間上的爆發點，更無法找到屬於高層次的偏財運風水格局了。

沒有偏財運的人，住在偏財運風水中又是有何狀況呢？

沒有偏財運的人，就是應該以正財為主的人。也是應該以腳踏實地、勤勞節儉、一分耕耘、一分收獲，實事求是過生活的人。你的人生中波瀾小，最好也儘量別找麻煩！如果你是這樣的人，不小心又隨同親人或朋友住進了偏財運風水之中，這多半是陰錯陽差的結果，你看見別人發了（兄弟或朋友發了），有時會心中不是滋味，因此也想自己來搞一點事情發發看，但你會非但沒發卻而招來災難，通常待在有偏財運格的人的旁邊的人，多半不具有偏財運，他們也很難瞭解這些有偏財運和暴發運的人心裡到底在想些什麼怪東西？因此會胡亂揣摩，也不得其一、二。反而想學他們學的四不像而招災。例如美國甘迺迪總統的小弟愛德華•甘迺迪，就是沒有偏財運的人，他也住在其家中具偏財運風水的宅院上，但學其兄想在政治界發展，偏偏沒那個運氣，後來和秘書出遊，導致秘書死亡而斷送前途。

這就是說：本身沒有偏財運的人，就要認命，即使你也有幸居住在偏財運風水之中，也不能妄想亂搞來得到大財富或大權貴。

通常偏財運風水就是會用地氣來促發人的貪念和強勢的向上意志，以及旺盛的鬥志和鬥爭的心。人生多半貪的是富貴權勢，偏財運風水就是會促發人對這些富貴權勢的貪念膨脹、爆發。

如果本身有偏財運的人，受到此種刺激能成就常人所無法做到之事，而得到大富貴、權勢，而本身沒有偏財運的人，或偏財運有瑕疵、傷剋的人，就會製造災難或害人，但也未必真能完全享用到偏財運帶來的美味果實。

第二節　人的幼年與偏財運風水有何關係

從前面許多例子、事證中，我們看到介紹甘迺迪總統的生長地方，看到希特勒的出生地，以及毛澤東的故鄉地勢等等這許多名人的童年生長的地方，你會奇怪：**難道一個人的出生成長的地方有那麼重要嗎？**

答案是肯定的，而且是當然如此的！在精確的命理學上，是要連你出生落地的經緯度和時間都要精確的算進去的，這表示出生地是很重要的！同時這也是時間和空間、物質（或物體（指人體存在））同時存在於同一個時間點與空間點的時候，也就是三者交錯於一點的時候，這是哲學方面的問題。我們常常把人的精神面和時間、空間去做一個結合，稱為『性靈合一』。其實人的出生和存在，才真正是天、地、人三者合一的時候。

人的出生和時空有關，偏財運風水是空間裡特殊的一環。人的幼年自然和出生地有血緣與臍帶關係。這些天生具有偏財格的人，又在出生時間上得天獨厚的佔有優勢。實際他們本能的會選擇或引導父母把他們生在該生的地方，或遷移到該住的地方。從而形成為他們製造自己即將爆發的能量磁場。例如甘迺迪的父親在甘迺迪三歲時將全家遷至到現今我們所知的住所，而希特勒的父母也在他七、八歲時遷居至利歐丁地區（Leonding）。這些遷動的結果，也是一種儀式，以完成使偏財運格的人能確實實現後面要爆發的事。因為前面的住宅很可能是無偏財運風水的，無爆發力的，因此會在因緣際會下，一定要遷入偏財運風水格局之中。

我要說：在這些遷居移動之中，某些人是知道自己要遷入何種住宅環境之中，某些人是根本不知道自己該住什麼樣的房子的。例如甘迺迪的父親就知道遷入偏財運風水格局之中，因為他自己本身也有偏財運格．因此他會瞭解如何選擇住宅是有利家族發展，能暴發偏財運的風水格局的。像希特勒的父親是因工作關係，不得不隨著命運啟動和遷移而搬進具有偏財運風水格局之中的。當然！這也造就了未來希特勒的發展。

至於毛澤東先生的出生地韶山冲，『冲』都是屬於『武貪格』的地形。『冲』多半是兩山間，帶河流的縱谷，有高大松柏類的植物，形成深綠、墨綠覆蓋的地形，因此屬於『武貪格』偏財運格。如果土質為紅色的話，則為『武火貪格』或『武鈴貪格』的雙暴發格的偏財運風水了，暴發時間較快一點，暴發力也較大，如果此地再有偏財運格特優的人出生，便能成為萬世豪傑了。但『冲』是面積狹窄呈長條狀的地形，彷彿受時空擠壓而石破天驚爆裂開來的天運，因此在『冲』的地方，五百年來才一人能有暴發運而成功。並且這個具有暴發運（偏財運）而成功的人，必會打破傳統封建或說是離經叛道之人。

有人說毛澤東祖父的墓葬之地為『丟龍寶局』，墳墓的位置太高了，應該在該龍穴再下來低一點的位置，在山腳下墓，就會有後代子孫接續繼承大統了。其實萬般皆是命！在他出生的時候就已經註定他會一生動盪不安、善於爭鬥，但他的子女確和他是不一樣的人，也能體諒他，故不會摻合到他的革命事業中，自然也不會繼承大統了。

通常有偏財運格的人，一出生便會出生在偏財運風水的格局之中，如世界名人偶像的李小龍，出生在美國三藩市的中國人開的東華醫院，此醫院所在地也是偏財運風水格局，此格局是由傑克森街和 Columbus Aue，以及 Powell street 三條街所組成的三角形的偏財運風水格局的。

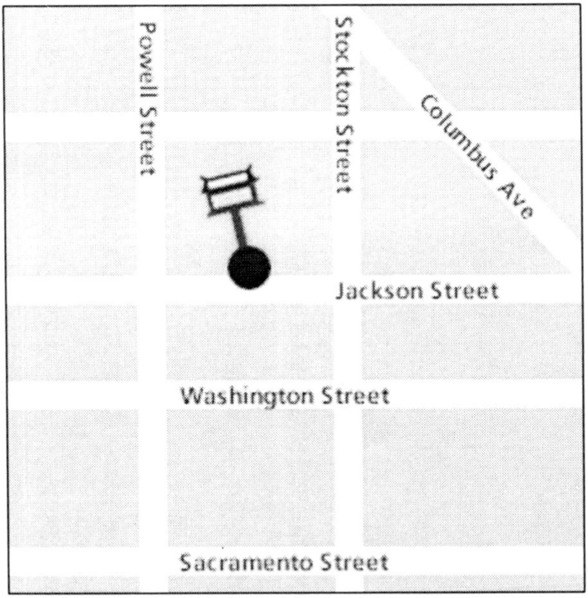

李小龍出生之三藩市東華醫院

一出生便出生在偏財運風水格局之中，當然有助於他日後的發展與成名的快速爆發。像毛澤東也可說是一出生就出生在偏財運格局之中的。而美國甘迺迪總統及希特勒則在幼年搬過家，是再遷進偏財運風水格局之中。雖然這些具有偏財運及暴發運的人，最終是會離開家到外地去奔波打拚，開創屬於他們的一世功業，但出生地及幼年住處的偏財運風水仍像臍帶相連一樣，全力支援他們未來要爆發旺運的磁場能量。

第七章

偏財運風水的大運流年運程

偏財運風水的大運流程和三元天運不一樣，只論陰陽、起始，論發與靜伏，因此容易看又簡單。

▼ 偏財運風水格局形式

第七章 偏財運風水的大運流年運程

一般人來論地理風水的運程，多半以三元幾運的天時，來對應地面巒頭的山形、二十四山向飛星局來做一個評比的標準。但是偏財運風水的大運、流年運程和這種三元天運又不太一樣。

偏財運風水格局論陰陽，論起始，論發與靜伏。

偏財運風水『論陰陽』

偏財運風水的旺運周期，其實和火山爆發的周期很像，因此要論其形成期、靜止期、連發期，通常偏財運風水以八十年為一個循環周期。八十年為陽，下一個八十年則為陰，再下一個八十年為陽。以此周而復始，當該偏財運風水屬陽的八十年的時候才會發，能蘊孕出偉人或大財主出來。當該偏財運風水之地為屬陰的八十年時，該地為靜伏休養狀態，即使再多的具有偏財運格的人在此誕生或居住，也不會發。事實上，正在休養生息的偏財運寶地，在當時是怎麼也不寶了，而且運氣下沈很糟。縱然有偏財運格的人居住於此或路過於此，都感覺鬱悶，恨不得趕快離開跑掉。但如果該地漸漸轉陽，至屬陽的八十年時的開頭幾年時，就會慢慢聚集或誕生的偏財運格的人。

偏財運風水『論起始』

偏財運風水要論其開始起算大運的時間，**就要推論或檢查其地開發的年代**，再由其年代慢慢研究其興盛及衰落起伏的波動圖，即可研究出該地的陰陽大運時期了，這是大型偏財運地理環境研究方法。倘若是小形的偏財運格局，例如是你家附近，由幾條巷弄、鐵路或公路圍起來的偏財運風水，**則以公路、鐵路、巷道築成、圍起來之年月為其起始點先陽後陰來算爆發大運**，也就是先走八十年陽運（爆發運），再走八十年陰運（靜伏運），再走八十年陽運。但如果該偏財運風水地處山陰（在山的背面，不面向陽光、較陰），或地處濕冷之地會先走陰運八十年，再走陽運，這是反過來的。

大型的偏財運風水比較好認，也容易發。小型的偏財運風水常有破格及不發狀況，或是組成太勉強，太人為造作，以致發不起來。另一方面也可以說：大的偏財運風水格局，是鬼斧天成，是平地龍的龍穴之地，是大自然的寶藏之地，也是天時、地利、人運，三度空間集旺運於一點的寶地，因此風雲際會，一定會激發火花，創造出驚人之財富或人物出來的。

例如：毛澤東生於西元一八九三年之韶山冲，十九歲離鄉讀書再無回故鄉。韶山冲只出了毛澤東一位名人。因此用他的出生年歲來算韶山冲爆發的時間，因毛澤東本命為暴發格（偏財格）。以毛澤東離鄉的年齡為韶山冲運氣轉陰，靜伏轉壞的開始，加靜伏期八十年，因此韶山冲再度運氣轉陽，開始進入爆發期是一九九二年的時候，時至現今二〇〇六、二〇〇七、二〇〇八年已熱鬧異常，街市生意熱絡，觀光客穿流不息，來遊覽觀看毛主席的故居，其子孫所開設之毛家飯館也在故居前當仁不讓的領受這偏財運風水的旺氣，只是這飯館的主人最好自己也要有偏財運格，才會發得大、和承受得住財。另外，希特勒的老家布勞瑙（Braunau am Inn），最近也再度甦醒了，因為觀光客的日益增加，有人建議在布勞瑙為這位納粹魔頭建紀念碑，而遭世人共同遣責攻伐。其實二次大戰結束以來，仍是有許多人對這位魔頭有崇拜之情。布勞瑙是奧地利西部的小鎮，萊茵河從西邊流過，美麗純樸，希特勒九歲西元一八九八年隨父親遷到利歐丁地區（Lodning），用這個時間來算，再加上八十年的靜伏時期，布勞瑙在一九七八年便又進入轉陽的運氣了，事實上，這二十多年來拜訪希特勒故居的人潮一直沒斷過，這可能亦可替布勞瑙創造另一個風潮，或再培植另一個名人吧！但希望這塊甦醒的偏財運風水寶地，不要再出現或出生殘暴的魔頭了！

▼

偏財運風水格局形式

第八章

如何躲避偏財運風水中的壞運程

❁❁❁❁❁❁

人和動物都有預知災禍的本能，人也有預知好運的本能。帶有偏財運格的人，其潛能更敏感，會超乎常人，因此能再尋覓自己的偏財運風水。

▼ 偏財運風水格局形式

第八章　如何躲避偏財運風水中的壞運程

所謂偏財運風水中的壞運程，當然所指的就是偏財運風水轉入陰性八十年的靜伏期的運程。所有的運氣都是漸漸變化至最高處或至最低處的。運氣運行的曲線皆是呈弧度而行的。運氣由低處向高處走，是旺運（屬陽的運氣），漸漸走向高處到達的一個頂點，於是運氣就會漸漸下滑，又漸漸至水平線，而衰運（屬陰的運氣）漸漸向下滑，到達一個低點，就會漸漸抬頭，慢慢上水平線了。人的運氣有時也會起起伏伏、上上下下。偏財運風水也是如此的。有時你未必抓得準你所待的偏財運風水格局正是走屬陽的運氣或是走屬陰的運氣，也就是說你暫時沒辦法確定該風水是好是壞，於是你就須要做一些試驗了。用感覺來測定或用溫度也可以測定。

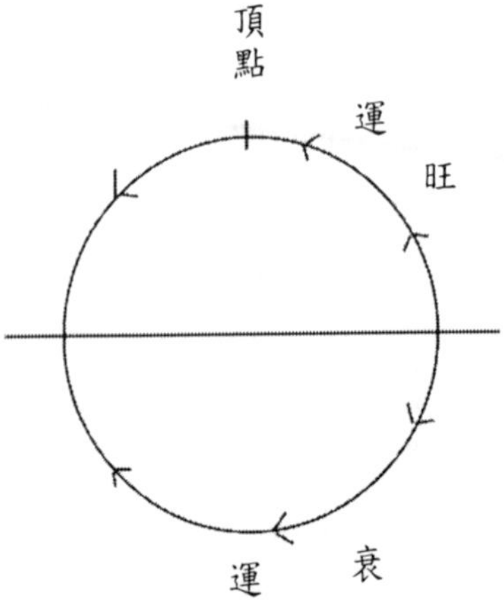

陰陽

如何檢查運氣是陽是陰

通常走旺運的風水格局中，走進此地或屋內，會有祥和、愉快、與奮的感覺。尤其是具有偏財運風水的地段和房屋，是會讓人十分振奮和興奮的。同時它也是有些熱鬧和吵雜的，會讓人有莫名的快樂與積極的感覺。會想好好工作、上進，或好好賺錢，人生是積極面的。

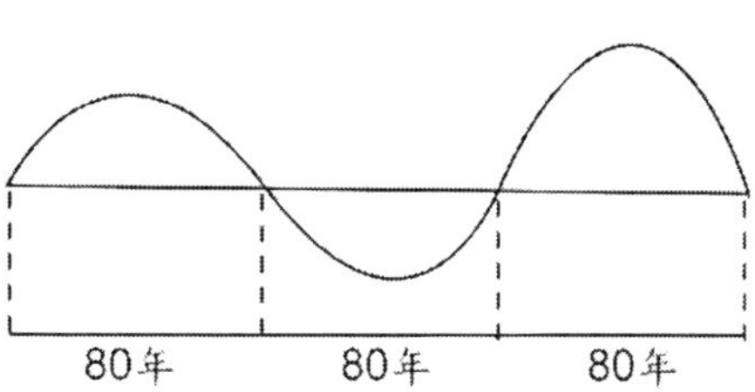

倘若該地段或該層是衰地或運氣不佳的地方，人進入此地界時，有時會有莫名的悲傷或不愉快的感覺，如果你跟你的家人常一

回家就愛吵架、不合，也代表這房子運氣不好。

所有有鬼的房子，都是退運屬陰的房子，因為鬼屋就是陰宅，是因為陰氣重，才會招鬼進住。在墳墓旁的房子，也會帶陰，會衰運拖很久、很難變回陽氣，即使在年運上已進入陽氣的八十年之中，仍是要死不活，沒有人氣。

有一位命格中有偏財運格的朋友，其命宮有陰煞。每一回爆發得到大財就買房子算是投資。他喜歡買舊房子，也許預算沒那麼多，或嫌新房子太貴。但每次買到的房子都鬧鬼。有時租給親戚、有時租給外人，都說住在其中曾看到鬼，因而租不出去，故而房子最後就便宜賣掉，讓他很嘔，因為買房子時他還是有拿另外的錢賠在裡面的。

在命宮、遷移宮、財帛宮、福德宮、官祿宮、夫妻宮等有陰煞

的人，最要小心！你很容易和鬼心靈相通，然後鬼借由你的眼睛找房子，找它適合居住的房子，因此就一塊住進去了。因此縱然你有暴發運、偏財運，發的也不會大，或根本不發，因為一直和鬼一起走屬陰的運程，運氣低沈，每下愈況了。

從來也沒聽說過：住在深山，人煙稀少的地方，或病入膏肓的人，能中到彩券或大獎，而一步登天、擁有大富貴的。因此運氣的運行，也一定像水到渠來，具有彎轉的弧度線而轉強。也因此，好的偏財運風格局絕對不會在墳墓堆旁、醫院旁，或破舊、漏的、破敗或出過事的建築之中。新的建築，因為太新、沒有人氣，也不可能馬上為人帶來好運、旺運，至少要十年以上的房子才能為人帶來旺運。

或者說你看準了周圍是偏財運風水格局的三角形地形，或是長條型的武貪格地形，你本身又具有火貪或鈴貪，或武貪格的話，你可先買好此地房子住進去，待機而發，和房子和地氣一起等待蘊釀最大暴發運、偏財運的機會。

有一位以前常演「兄弟」，近來已改邪歸正演好人的藝人說：「以前他在敦化南路一帶，住到一個偏財運房子，讓他大發賺了很多錢。夜間在房子裡偶而可看到一團絨絨的東西跑來跑去，他想一定是這個精靈在保佑他發財。」事實上，這讓人連想到狐狸精或黃鼠狼等的怪異傳說。而房子中有暗藏的鬼怪之物，皆屬有陰煞的房子，是絕不會給人帶來旺運和財運的，所以我想這位藝人只是附庸神鬼之說，是本身具有偏財運格，又住於小的偏財運風水之中吧！其人會在衰運時，搬離偏財運風水寶地，偏財運風水格局的地方，其實也是很現實的地方。如果其人本身的偏財運退運，已行至衰運期，例如『紫微在巳』、『紫微在亥』命盤格式的人，在丑未年暴發，在卯、酉年走廉破運或天相陷落的運氣時，即為衰運，會破財、破運，這時你也待不下、待不住在偏財運風水之中了，一定會找機會離開，否則住著更難受。

因為人的偏財運本質就會暴起暴落，而**人的偏財運運程時間和地氣風水的偏財運不一樣**。人的偏財運運氣大致在暴發後兩、三年之間會暴落，而偏財運風水格局的旺運，會在八十年中，由弱轉強至最頂端，再慢慢趨緩下降、轉弱。八十年一到便轉入衰運期靜伏了。因此人走運的時間快，暴落的時間也快。地氣較慢，但地氣會排斥和它不一樣的氣蘊。例如偏財運風水最旺的地方，衰運的人也待不住，想逃離。而陰地、衰地，有旺運或偏財運正旺的人也不想待在那裡，也會逃離開來。

台灣有樂透彩開獎之後，常聽說有人到墓仔埔去找明牌而中獎的，其實這些都是沒有文化的無稽之談，前面都說過了，陰的東西不會發運，只會帶來壞運。只有陽的東西才會發運。會中獎完全是因其人有偏財運格，再加上天干、地支時間對了而中獎的，絕不是邪鬼幫忙的，說不定那些聚集賭徒的墓仔埔早就魂去墓空了，他們只有自己嚇自己來製造故事而已。

如何躲避偏財運風水中的壞運程

偏財運風水格局中的壞運程，就是該風水格局轉陰的八十年運程。其實講偏財運風水的旺運、衰運都很好認，地方漸蕭條或破敗了，或戰火連連，或盜匪四起、災禍連連，皆是偏財運風水中轉壞的運程。

例如南亞海嘯，把許多南海中的渡假島嶼吞噬，而這許多南亞海中的島嶼雖地處海中皆是偏財運風水格局。有南亞海嘯的出現，即意味著要進入靜伏期及衰運期了，因為地球地殼的變化，和氣候的變化，誰也無法預估下一次的海嘯災難在何時發生。所以要躲避災難，只有不去易發生災難、橫禍的地方。而要躲避偏財運風水中的壞運程，其實最簡單的方法就是先預估該壞運程在何時到來，在那之前便先行離開躲避，就是最好的方法了。

事實上，人和動物都有預知災禍的本能，人也有預知好運的本能。而具有偏財運格的人，這方面的先知潛能更敏感，超乎常人。常常可預知衰運或預知不吉而先行離開。那些容易遭災的人，常是敏感力不足，或是氣數將盡的人。具有偏財運格的人也會是意志力強及生命力強的人，就算歷盡辛苦也會撐下去，向旺運處邁進。更會當機立斷、立刻放棄衰運處的殘餘利益，而至旺運處重新開始打拚，並能快速的獲得成就。所以，要躲避偏財運風水中的壞運程最簡單的方法就是『離開』，再重新尋覓合適自己的偏財運風水了。

第九章

正財命格的人如何使用偏財運風水

❋❋❋❋

正財命格的人如果恰巧住進偏財運風水中，要把握旺運之地氣，力求上進，也能發展自己的財運與事業。

▼偏財運風水格局形式

第九章　正財命格的人如何使用偏財運風水

所謂正財命格的人有三種狀況，一種即是在其命理格局中是完全沒有偏財命格的人。第二種是在其命格中以正財較多、較重，以正財為主，偏財較小，會發得小或不一定發。第三種是有偏財運格但為破格，不一定會發。例如壬年生有武曲化忌，或天空、地劫同宮，亦或是癸年生有貪狼化忌同宮，或有天空、地劫、羊陀等同宮，以致於不會爆發，或發了有災難相隨，不能讓其爆發的狀況。所以要讓其人以正財正路為主，好好上班努力工作，最好別東想西想，以防走邪路發偏財，害人害己。

通常有正財命格的人，命理老師都會勸他們以本身的正財為主了，不要再打偏財運的歪主意！但是這些本命是正財的人之中，很多人仍喜歡碰碰偏財運或是想辦法靠近偏財運，覺得這是一塊奧秘的地方，很喜歡探索一下，總是想：說不一定是會有意外的機會發些財呢！

另外還有些正財命格的人，也可能並未對偏財運有多動心，但是和家人一同住進了偏財運風水格局之中，眼看著家人中有大富貴了起來，也看到家族興旺了起來，當然自己也夢想有一些偏財運，也能為家人出力或功成名就一番來揚眉吐氣一下。

就像美國甘迺迪總統的弟弟愛德華甘迺迪就沒有偏財運格，屬於正財命格的人，雖然也同居住在偏財運風水上，但並沒能創造大功業，又例如希特勒的兄弟姐妹也和他幼年一起長大，也同樣住在其偏財運風水格局之中，也沒能出頭。

另外，像藝人張學友是具有偏財運命格的人，以及藝人歌手張惠妹都是具有偏財運命格的人，他們的兄弟姐妹和他們一起長大、生活環境相同，住處同在一起，但成就也都不如他們。張學友的哥哥甚至頹廢走上邪路，說是因為弟弟名氣太大，壓力太大之故。其實仍是偏財運風水作弄人，以致正財命格的人貪心不足，又無能為力。

所以說：偏財運格是屬於那一個人的命理格局。並不是可借給別人，或是可給別人沾沾光的。別人最多跟著已發富的人，改善一下生活，跟著吃點好吃的、穿點好的，但沒辦法借運氣過來讓自己發達，也沒辦法攫取別人的機會和成就。**會具有偏財運格，是出生**

時間的問題，是時間生的好，恰巧在時間點上，因此能組成偏財運的格局。

具有偏財運格的人也容易住進偏財運風水格局之中，這是無庸置疑的事。但其家人中有正財命格的人也容易跟隨其人誤打誤撞的住進偏財風水格局之中。倘若你就是這正財命格的家人，而家人中又有偏財運格的人，看著別人暴發，雖同為家人或兄弟、親人，但有時你仍會不是滋味。這時你要如何運用這個偏財運風水來助旺自己，對自己有利呢？

正財命格的人如何使用偏財運風水

首先，你可以確定兩件事情：第一件事是你可觀察你家周邊地形、巷道、街道，以及屋形，確定你是住在偏財運風水格局之中，

並觀察此區旺盛繁榮的程度，以確定氣理屬陰還是屬陽？屬陰的話，暫時不會發，屬陽的才會發。屬陰的是人口稀少、不熱鬧的景象。屬陽的人口茂盛、很熱鬧，有一些鬧中取靜的住宅，仍是會發的。

多年前，我住在靠近關渡的一條幹道大街旁的住宅，閒暇散步時，發覺那裡是一個偏財運格局的風水之地。剛遷入時，周圍環境很冷清、人煙少。從我住下半年後開始漸漸熱鬧，但是大路旁多公地或捷運用地，因此繁榮得也很有限，後來我搬離此地，才覺得運氣上升的速度加快。這也是說，雖也為偏財運風水，但要看發的快慢，如果發得慢，也不能算是好的偏財運風水，對人來說，會根本感覺不到有利益出現的。

第二件要做的事：是要確定家中是那一個人有暴發運？而且暴

發年月要算出來。如果是小孩有偏財運，必須是『火貪格』、『鈴貪格』才易在年輕時就發，如果是『武貪格』偏財運格，會在三十歲以後才發，最多的狀況是在三十五歲才發的，如張學友就是。若像張惠妹在二十歲就暴發偏財運的人，一定會有火星或鈴星的關係才會早發。如果命格中只有火星或鈴星的單星，有時也會小發一下偏財運，但發的不大，也不能算做是『偏財運』格。例如我的親戚中有人的財帛宮為火星獨坐，常在錢財上有好運，偶而有意外之財進，其人是家庭主婦，喜簽大家樂，有一次簽得幾十萬元，但常常損龜，因為她常懷念那次中大獎的經驗。其實要逢到火年的年月日時，才會中大獎，搞不清楚的人，自然會賠得比賺的多了。

所以火星、鈴星要形成偏財運格，才是有用的，否則仍會常鬧窮，一有錢就花掉了，絲毫無法嚐到有錢的快樂。

當上述兩件事你都確定後，你就要開始做一些計劃了！

和有偏財運格的人聯手發財

第一、你必須具備一些理財能力與存錢本領，才能成為你家裡那位具有暴發運的人的良好助手與助力。

通常具有偏財運的人，都不會理財和存錢，當偏財運暴發時，錢財幾百萬、幾千萬的湧進，但沒一、兩年，慢的兩、三年就花光殆盡，形成暴起暴落的自然現象。偏財運格是『武貪格』的人還好，其暴發是經由工作、事業上的暴發，稍為慢一點，但也會在卯、酉年或丑、未年暴落。偏財運格是『火貪格』的人，暴發快，暴落更快。而且因為是火貪、鈴貪的關係，其人本命中火多，如果『火貪格』、『鈴貪格』又在『命、財、官』或『夫、遷、福』等宮位，這些直接影響人生命運或心靈智慧的架構上，實際上其人易有精神亢奮及精神疾病、躁鬱症的問題，凡事會剛愎自用，不聽家人勸告，好大喜功，偏財運暴發後，自以為了不起，自以為是皇帝或對家人頤指氣使，容易受外人騙或亂七八糟、無法無天的花掉。你如果希望借由家人中有偏財格的人也能為你帶來一些財富，你就必須成為那個能為此人理財，並為他儲存財富的人。像很多年輕藝人的星媽一樣，處處為他打點，為他做一些雜事，自然跑銀行存錢的事，不會假手外人來做。財富增多，變得更鉅大時，你要能很安全的幫助他理財投資，使錢財不縮水才行。

但是，通常具有偏財運格的人，都是意志力強，主見強，脾氣有些古怪，或暴躁，或是有怪癖，不會輕易相信別人的人。而且最恨別人對他不誠實，或覬覦他的錢財，縱然你是他的父母、配偶、兄弟姐妹、子女，如果在錢財上不清楚，他都會六親不認，把你換掉，錢財不給你管了。所以，你一定要讓他非常信任你，你才能靠他發財。

另外，當人運氣好，偏財運爆發時，有錢了，便會有許多人蜂湧而至，想提供給他理財賺錢的方法。當然！這其中不乏鼠盜詐騙邪佞之輩，你是否有能力來為他擋災，或阻擋這些想分一杯羹的人，有時候，這個爆發財運的人，也喜歡有人來巴結他，給他高帽戴，受到頂極尊貴的待遇，也會喜歡用自我意識來判斷接近他的人，或相信其他外人，令你氣結不已。因此你更要以良好的手腕與超強厲害的EQ（情緒管理）與公關手段來保障自己的地位，否則也是前功盡棄，就像許多星媽、星爸非常厲害，能控制出名的小星星，但是小孩子長大了，或是到了適婚年齡，就會被另一個人取代，這個功能，星爸、星媽只好退位了。

你如果只是這個已暴發偏財運的人的兄弟姐妹或朋友，你要更早一點做打算，為自己找到其他可賺正財的工作機會，以防這個暴發好運的朋友或兄弟姐妹離開你們之後，而無法再在偏財運風水上得到更多的財富。

通常，具有偏財運格的人，再居住於偏財運風水之上，再加上時間點的配合，是天、地、人直通在一條線上，時間就是天時，偏財運風水是地氣、地形，人是人和，三者俱備，偏財運自然會爆發，同時該人居住之地也會得氣而旺盛。

更同時，一同居留在偏財運風水之中的人也會得到令人振奮向上的企圖心。**如果你是具有『陽梁昌祿』格的人**，你可以從讀書考上著手，因為住在旺運地帶，也會激發你的考試運和讀書運或升官運。並且，也還會經過這些考試運和升官運，使你得到或賺到更多的錢財。如果你沒有『陽梁昌祿』格，或是雖具有『陽梁昌祿』格，但祿逢空劫，或冲破，形成破格，但你仍可在此時（即是和爆發偏財運的人，共同居住於偏財運風水上之時間），好好學習及上進，增加學歷。因為人只有不斷讀書，增加知識和學歷，最容易改變你的環境和境遇。**尤其貧窮的人想翻身，沒有知識和學歷，是翻不了身的**。普通人須要靠讀書翻身，有偏財運格的人，若再讀書、學歷高，翻身更快，數年間便可從吳下阿蒙，展翅高飛。如正好碰上偏財運之運程助力，立即能登上萬萬人之上的高峰，事業和財富、地位都有了。因此你也不必再依賴他人，沾他人所引發的偏財運風水之光了，你就能建立自己的事業王國，建構屬於自己的人生版圖了。

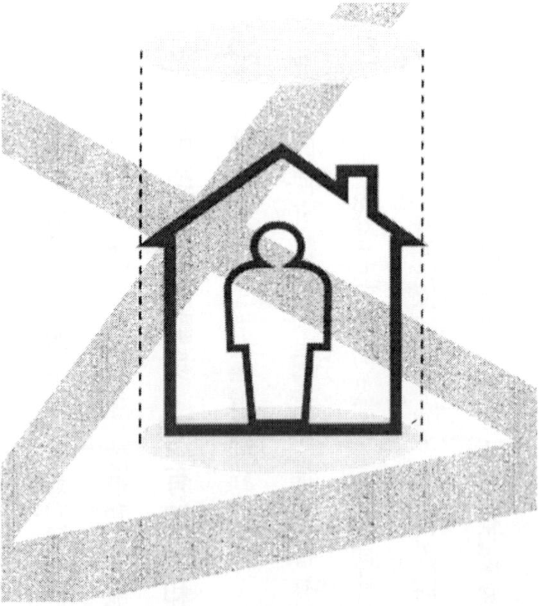

天運、地氣、人運直通一條線時的狀況

另外，一些正財命格的人，會和具有偏財運的兄弟姐妹，或朋友合夥做生意。尤其當這個有偏財運的人暴發了以後，也有錢了，會投資一些生意，叫自己周遭的兄弟姐妹或朋友等來幫忙照顧生意，首先你要搞清楚自己是不是個做生意的材料？計算能力好不好？帳能否算得清？否則將來就是因為合夥做生意失敗而親戚、朋友沒得當，彼此憤恨以終，這是得不償失的。

倘若你還有能力算帳清楚，也還有能力經營的話，切記！你的開店或開公司、位置最好在會暴發偏財運的人的住家周圍地區，最好是在偏財運風水區域範圍之內，切勿超出。這個暴發偏財運的人是住在那裡發的，那裡就是最好的旺運地區了。因此要用此區域來經驗事業會得力不少。很多人暴發偏財運後有錢了，便到其他地區買房子，重新建立住處，結果發現運氣一直下墜，一天不如一天，最後錢財敗盡。就是因為離開自己旺運地區（偏財運風水）太遠了，又適逢暴發偏財運以後，運氣會漸漸緩慢的消退。如果繼續待在暴發地居住，會退運退得慢一點，如果馬上搬家，離開偏財運風水地區，到另一個沒有偏財運的地區居住，自然退運很快，錢財、事業運也消失得很快了。

有的人會說：那我再找一個偏財運風水地區搬進去住呀！其實沒那麼簡單！人要暴發偏財運來得大財大利，需要天、地、人三者合一的正確時間，也就是時間（年、月、日、時）和人氣、地氣一起結合才會暴發的。就算你再找到一塊偏財運風水寶地，它的地氣是否和你相合，時間點已過了，要再等下一次的暴發運，最快需六年以後，因此你要經營這塊新的偏財運風水還要一段時間才發，更何況你是否能算準這塊新的偏財運風水寶地是否正走屬陽的旺運期還不一定能拿捏的準，因此暴發偏財運後立即換居住之地，自斷旺運氣勢是不智之舉。

很多人暴發偏財運時，正住在陋巷或破舊之屋舍之中，故有錢後立即換屋居住。但最好舊屋不要賣，若是承租的，要繼續承租至兩、三年之後，漸退運再退租。因為人和自己原來居住的，從那裡暴發偏財運的房子，有臍帶相連的關係。如果快速搬家，切斷臍帶，對自己的旺運不利，旺運會中途中斷。**原來所住的房子，有如你的元神所在！**若再有衰運的人進住去，你的元神即被污染了或被踐踏了，會讓你退運更快，這是十分不好的事，因此要多保留一段時間才好。

正財命格的人，沾偏財運格人的光，住在偏財運風水上，也就是旺運之地上，從現實的觀點來說，也應該和暴發偏財運的人共同來維持共同居住的偏財運風水上的旺運繼續長久，以免退運了，大家都要辛苦以對，但有些正財命格的人，會嫉妒別人有偏財運，而心生怨恨，或因錢財利益，會故壞破壞偏財運風水，來阻擋別人的偏財運，或財運。結果會害人反害己。

例如：二〇〇二年發生台北市議員陳進棋在選舉期間遭槍殺案件，買凶殺人的是其拜把兄弟，兩人一起從小長大，並住在附近。此處即是帶有銳角三角形的偏財運地形。而陳進棋本人也有偏財運，在第一次選市議員之前，有託人來算選情，當時我算他會掛車尾，選上也是因偏財格的關係僥倖上榜，果然如此選上，當時也看到他有關係生命之傷災，也曾警告過他。

陳進棋一生有多次好運機會及驚險的事情，這都是源於偏財運格和暴發格的關係，凶手陳朝琴雖與其一同成長，也住在同區，但沒有偏財運，因此事事略遜一疇，以致後來痛下殺機。

大家都會奇怪！從小一起長大的好兄弟為何竟會為了利益而殺害親如手足的對方，這當然要看陰險的這一方的命格及運程，運程不好時，人會窮凶極惡，順便也帶自己進入萬劫不復的境地（坐牢或判死刑）。命格中財少的人，又貪心，也會促使人發出窮凶極惡之心。另一方面，就是偏財運風水格局會催促人貪心，促發人的貪念。不能看到別人好，一看到別人有好運，使心生嫉妒、急欲摧毀。當時正值選舉如火如荼的展開之際，陳朝琴頭圓圓大大的，命宮有陀羅，自然會在地運的催促，緊張下，想到這個殺人毀滅強運對手的方法了。所以說人害人，地也害人，運也害人了！

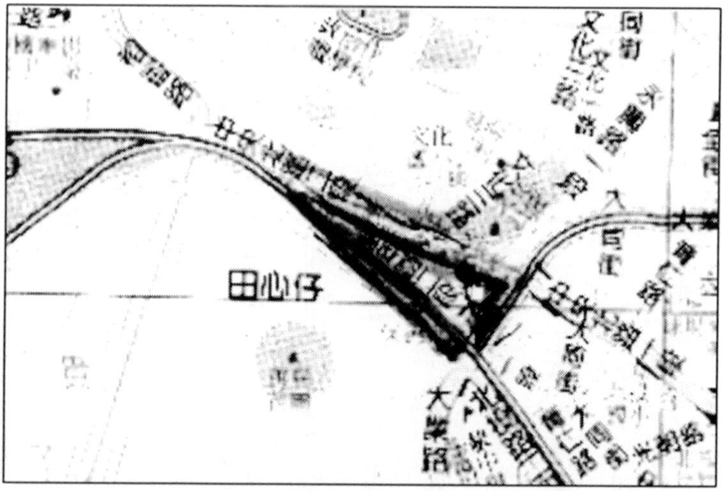

陳進棋家附近圖

第十章

偏財運命格的人如何利用偏財運風水發得更大

❁❁❁❁❁❁

有了偏財運格，又有了偏財運風水，還想發得更大！這就是有了人和、地利，只『欠東風』了，東風就是『時間』！

偏財運風水格局形式

第十章　偏財運命格的人如何利用偏財運風水發得更大

通常本命具有偏財運格的人，自己本身就會具有敏感性而住進偏財運的風水之中了。倘若你自己本身有偏財運格，你可以馬上觀察你住處的四周，看看到底是不是偏財運風水格局？如果是的話！表示你的敏感力是好的，而且即將蓄勢待發！如果不是偏財運風水，只是一般格局的話！就表示你若不是運還不到，就是已經運氣過了，進入衰運期了，因此你要安心等待旺運再來臨，這可能須要花一點時間來等待了！

具有偏財運格的人，因為偏財運格的等級不一樣，所以爆發能量也不一樣，有大有小！其得富或得貴的狀態也不一樣，從事的行業也不一樣，成就及結果也都不相同。甚至連人生的曲折度，以及人生暴起暴落的方式也不一樣。

因此，如果你是具有偏財運格，又想利用偏財運風水來幫助自己發得更大的話，應該注意的事項是：

1 首先確定自己命格中的偏財運格是何種類型的偏財格，並

要算清楚將暴發的年、月、日、時，以及一生中最大一次的偏財運在何時？如此一來，就可先把自己的優點或本錢搞清楚！如果你一生中最大一次的偏財運已經過了，或是很晚，要到七、八十歲或九十歲才走得到，或是因逆行大運而根本走不到，也沒關係！你就把最近一次將要發生的偏財運流年年份當做目標來努力吧！例如你若

是丑未武貪格的人，丑年（牛年）就將暴發偏財運，就以牛年做目標來努力。如果你是巳、亥、火廉貪格，或鈴廉貪格，今年豬年就是你要暴發的流年，再算好暴發流月，你就是最幸運的人了！

2 其次，你要先弄清楚自己的喜用神宜忌，並知道自己的吉方、財方，這樣才好在屬於你的吉方、財方去找屬於你的偏財運風水。

喜用神宜忌是你的出生時間用八字來算出的。如果自己不會看，就請命理老師幫你看，這是人生的根本，關係你一生的命運。喜用宜忌如果弄錯了，會落入衰運會更慘，因此不可不慎重。並且你也一定要找能精通八字的老師幫你看，不能隨便用網路上的電腦算命算八字，也不能道聽途說，聽半罐水的朋友隨便說說，這是攸關生死旺衰的事情，一定要慎重才行！而且尤其對具有偏財運格的人非常重要！如果喜用宜忌搞錯了，用了相反的方位的偏財運風水，偏財運就會不發，浪廢掉了，豈不可惜！

3 你更要時常做功課，常出去走走，如果你目前住的方位正是你的吉方磁場，**在你家附近多找找看，有沒有偏財運風水的地方？**也多研究清楚你的住處是否也正處於偏財運風水之中？如果是的話，你就可以好好待在此處開始做其他的準備來迎接旺運到來。如果你還沒找到偏財運風水，你可以在每年中有兩個月剛好是偏財運相照的流月去尋找偏財運風水。有的人每年只有一個月有偏財運，因對宮有煞星刑剋的關係，你也可利用這一個月去找偏財運風水。因為在『偏財月』中，你的磁場最接近偏財運的磁場，因此容易尋找到偏財運風水格局中的好房子，未來就會為你帶來直衝雲霄的旺運了。

其實，如果你在大運、流年都逢偏財運格的時間點上去找偏財運風水，一定會找到一流的偏財運風水。如果只有流月、流日逢到偏財運月或日，則只會找到小的偏財運風水格局了。

有一個朋友，他告訴我：他是武貪格的人，又有武曲化權在格局中，他在三十五歲時大發。他在大發那年逢牛年，起先很窮，又被房東趕，萬般無奈出去找房子，無意中找到一間房子住下，誰知第二個月就開始大發，他所研究發明的東西有人買了，給了權利金。他原想另外找大一點的房子來住，但覺一個人不需要太浪費，因此繼續住在那裡，後來也在那房子的附近認識他的太太，結婚之後，才搬離該處，同時他太太也帶來豐厚的嫁妝，一下子他就有一億多元的財產了！他說：真不敢相信，一年前還窮的被房東趕來趕去，不知何處是兒家，一年後居然一下子有那麼多錢了！這就是偏財運格加偏財運風水的雙重效應了！因此你只要命格中具有偏財運格，就不要怕窮！只是時候未到，暴發是遲早的事！

4 暴發運、偏財運也會找到出口才發！例如說，你會做什麼？那些行業會有利於你，偏財運格就會帶你去從事那一行，而找到暴發的出口。

有一位女士是『武火貪格』的偏財運格，她是廉破坐命的人，以前在台灣做少奶奶，先生幫家中企業做貿易，後來家中長輩派其夫去大陸做電線工廠，其實是有分家的意思，她隨丈夫在大陸工廠生活也參與工作。其夫愛玩，性格又散漫，因此工廠大權就完全由這位女士主掌了。羊年二〇〇三年工廠擴增了好幾個廠，二〇〇五逢酉年時又緊縮成兩個工廠了，她來向我說：『她的人生為何這樣？以前都不必為錢煩惱，現在為何做生意如此辛苦？』其實這是她的偏財運格是『武貪格』加『火貪格』，為雙暴發格，或稱『雙偏財運格』。這個『雙偏財運』格一定要發在事業上，因此『雙偏財運格』自己找到出口了，讓她在大陸東莞地區，屬木火的地區，又是做電線、電纜，又屬火的東西，一起發起來了！我再問她：其工廠面積地形是否三角形？她說：『你怎麼知道？正是三角形的！我一直在想用那一邊做大門才好呢？』我告訴她：用朝南的那面做大門，會發的較大較快！

5 很多人有偏財運格，但心中卻很茫然，不知自己到底會發在那裡？

尤其是有『武貪格』偏財運格的人。這些人常常問我說：『老師你都說『武貪格』是發在事業上，但我現在什麼也不會，做事也做不長，東做做，西做做，也沒有專長，要怎麼發？』

其實，這個問題不該問我！應該問你自己！自問一下，自己到底對什麼事感興趣？有沒有喜歡做的工作，或喜歡學習的事情？通常你只是茫然過日子，而從來沒認真想過這些問題，因此人會麻木過日子，也變得傻兮兮的，什麼都不會做了！

其實，把自己會的、喜歡的、曾經做成功的事列出來，寫在一張紙上，再看看那些能成為你日後工作或事業能努力的方向。用消去法把不精通的、稍為興趣不算很濃的一一消去，最後留下的，再看看可行度高不高？有些人愛吃、想開餐廳，又懶得做，要請別人來幫忙做，自己只當出錢的老板，最後錢是砸下去了，但都給別人賺走了，老板也沒做幾天。因此你一定要對自己下決心的工作和事業投下精力去學習專業知識才行，並要親力親為去做，身體力行，才能成功！

很多人以為有偏財運格，便可不勞而獲而發大財！其實這個觀念會害死人！很多人因這個觀念而暴落特快，或根本還沒發，就花了大筆錢財，製造了大筆債務而痛苦不已！

有偏財運格的人，其實往往會比常人更辛苦，更努力！你認為比爾蓋茲是天天蹺著二郎腿而擁有世界級的微軟公司而成為世界首富的嗎？你認為郭台銘早年坐著飛機來回奔波是到處玩耍而有的鴻海集團嗎？因此！具有偏財運格因比別人更聰明，更為人類中的精英，自然會更付出心力和體力、勞力來開創自己的事業。如果你現在還在為做那一行而茫然的話，那表示你是腦袋空空的人，偏財運也會發不大了！快點清醒吧！多用腦子想想吧！快點找出你的人生目標及方向出來，好讓偏財運找到出口來爆發吧！

6 人一定要有知識、學問才能偏財運發得大。

不論你要找偏財運風水或是找偏財運的方向，都必須要有知識才能找得到。讀書和學歷文憑雖是老生常談的事，但像比爾蓋茲之流，雖大學二年級即休學去搞公司了，但他已掌握了數學及電子計算機的專業知識了，所以沒有專業知識是難以建立好事業的。如果你發現目前你還沒準備好專業知識，仍可回學校去唸唸書，或由其他管道去學習。人一定要先自己準備好了，才能配合偏財運風水發得更大的。自己這一關沒準備好，即使找到再大的偏財運風水也難以發得更大。

第十一章 偏財運風水的禁忌

偏財運風水格局的禁忌很多，既要防不發，又要防發了之後形成煞忌刑剋，對人不利，或發瘋或傷害性命，都不可不防！

偏財運風水格局形式

第十一章　偏財運風水的禁忌

想要能形成優良的偏財運風水，就跟找龍穴一樣，是有點困難的。因為找龍穴是為死人找偏財運風水。而為活人直接找偏財運風水格局是活人能用、能快暴發的格局。但是對於有心者來說，也未必是一件困難的事。因為只要注意幾個大原則的禁忌就差不多能掌握了！

偏財運風水格局的禁忌：

1 偏財運風水如果在高壓電塔、發電廠、核能工廠附近，由

於電磁場太強烈，在人所住的範圍之內，有暴發運的人雖暴發偏財

運的速度會加快，但其人容易精神異常，得精神疾病，沒有偏財運的人，則容易得癌症，都會影響生命不正常的發展。

事實上，會住到電廠、電塔附近的人，多半為性格獨特怪異、脾氣怪的人，或是窮困無力搬遷的人，也有些人因為祖產在那裡，而捨不得離開，久而久之也會變成古怪、脾氣壞的人了。

2 如果住處剛好是大型的偏財運格局，有公路、鐵路、河流組成，要注意有反弓的刑剋照射。亦要注意不可有大型的公路再攔腰穿過，亦為不吉。前者易爆發以後，快速而亡，如甘迺迪總統者，後者易不發或因禍事而發，容易自己享受不到。

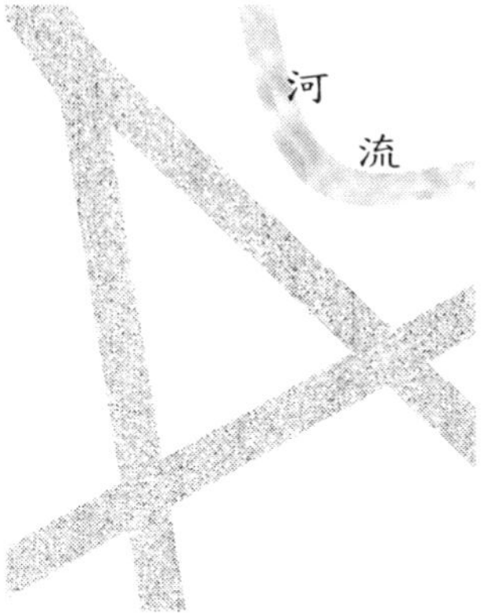

河流反弓的刑剋

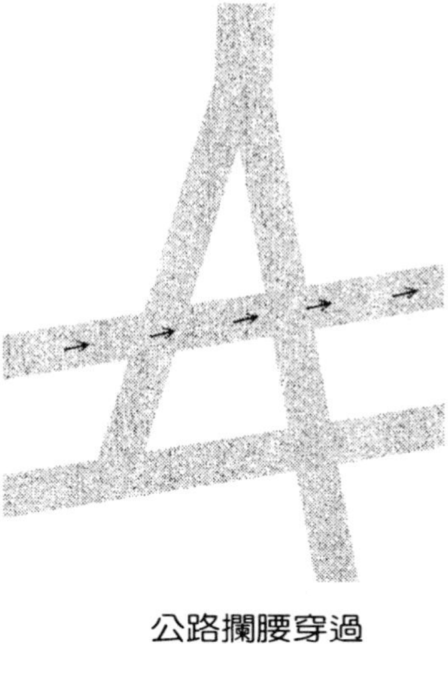

公路攔腰穿過

3 偏財運風水格局不應太偏僻，或靠近公墓、墳墓。

偏財運風水在熱鬧的區域是較容易爆發的。如果處在太偏僻之地，就是時運不濟，多為陰運，要等很久，也不一定發。如果是靠近公墓或附近有墳墓，也容易偏陰，會有不正當的偏財運爆發，或其人（具有偏財運的人）會陰險想著害人的事來暴發自己的偏財運，如李雙全、陳金火等惡徒即是。

4 偏財運風水也不能靠近急流、險灘，或多懸崖、峭壁。

有些『武貪格』地形的偏財運風水，容易在峽谷或海岸形成，也容易出現湍急的河流，或在海岸邊形成有漩渦、流沙的海灘邊緣，或是在峽谷地形中又有懸崖、峭壁，十分驚險。如果有此種地形，都代表住在此有暴發運及偏財運的人，會有起伏不定、多周折曲轉的人生。例如毛澤東出生的『韶山冲』即是此種地形，因此毛澤東一生多驚濤駭浪的鬥爭。這當然也是其人本身命格如此，但也顯示了與地理環境相呼應的一面。不是出生在如此的地形上，不會有此命格。沒有此命格亦不會出生在此種地形之上。在『韶山冲』也會有別的人有偏財運，但不會有毛澤東發的大。這是時間上的巧合，剛好地氣（地運）、天運（時間）、人運（人出生的時間或人發運的時間），剛好在一條直線上，因此，會爆發旺運了。

5 偏財運風水的房屋，其避雷針不能太粗

在打雷閃電時，避雷針是導空中的電流入地下的管道。有偏財運的人都希望運氣和能量大量的灌注到自己身上，因此會用較粗的避雷針，或鐵架支在屋頂上。但較粗的避雷針或屋頂上的鐵架、鐵桿真會引導雷雨所帶來的大量電流，而易引發火災或傷到人的災害。這對人來說也不算是很吉祥的了。況且屋頂上的鐵架，如果圍成方形或三角形，就有

困坐牢籠之嫌，偏財運也會被困住，也是不吉的。

6 偏財運風水房屋之牌樓或屋前、屋頂的尖頂及大門式樣為尖形、山形或火苗形狀時，其房屋整體的顏色要為紅色。不可上面為紅色，下面為黑色、藍色．或為黑色呈山形的大門（洪若潭家的大門即是如此）。如此會有水火相剋的刑剋，恐有刑剋傷亡的事件發生。

7 偏財運風水庭園中也最好以真的、紅花綠葉的植物為主，儘量不要放假的或塑膠類的假花、假植物，以防不會發，或是『假發』。如果主人命格中火太多，欠水的人，也要注意不要做『枯山水』的景觀放置在庭園中，也會造成不發的狀況。儘量以小河流或小瀑布、水榭的景觀來佈置園庭較好。

8 偏財運風水屋相帶火型之房屋，只宜面朝正東和正南，為

坐北朝南，或坐西朝東，為大發的吉相。其他方位都有刑剋，會不發或發得遲。如果本命欠水火多的帶有偏財運的人，則不宜住在此種火型宅中，否則其人會發生瘋狂、精神異常，亦會有慘事發生。本命欠水而火多的人要遇水而發，因此宜面朝北和西北方，為坐南朝北，或坐東南朝西北才行。

但還要注意一件事：命格需水的人，縱然有偏財運，若身處南方或熱帶地方，即使住面朝北的人，房子也發不大。一定要人跑到北方去才真的發的大。**在南方、南部會爆發大財富的人，都是命格火的人，也住在紅色的房子中**，或是下意識的為自己佈置了偏財運風水。你可看到桃園和南部台南、屏東、高雄幾個城市頻頻開出樂透大獎，就知道這些五行屬火的區域是具有爆發偏財運的潛力了。

9 偏財運風水庭園中不適合種陰樹

偏財運風水庭園中不適合種陰樹，通常在台灣的偏財運風水，多半屬於『火貪格』或『鈴貪格』，以一人高的花草植物為高度來佈置庭園最好。最好不要種植松柏類的大樹，會招陰運，帶陰氣，也會讓家中帶煞氣。因為松柏類大樹有風吹過時，會沙沙作響，有如『呻吟煞』，主家中人有病痛或帶喪事，因此不吉。松柏類之樹木又多種於墳上，因此不宜種於庭園之中。如果是大型的偏財運風水，如長條峽谷，又有河流蜿蜒順勢形成的『武貪格』偏財運風水格局，其上有松柏類的陰樹則不怕，其土質以灰黑色為佳，亦能大發。但位於此地的偏財運格的人一定也會離鄉而後大發。如毛澤東即是如此。

10 偏財運風水格局的房屋，也要看地下排水溝的分佈狀況。

倘若有大的排水溝位於偏財運風水房屋之側則不吉，會影響偏財運的爆發。因為排水溝時而乾涸，有時也會發出惡臭味，或有垃圾骯髒之物順勢流過，會給偏財運風水的房屋帶來衰運，不發或晚發，亦或發的是刑剋、傷災、禍事的錢財。容易乾涸的排水溝或河流，不論你命格中需不需要水，其實都是不吉之相，容易不發且窮困。

11 偏財運風水格局房屋最忌桃花煞

偏財運風水格局房屋最忌桃花煞，會不發，或直接暴落。

例如房屋在偏財運風水偏財運格局之中，(1)**坐東朝西的房子**，最怕北方有小河或大水溝斜向而來（右手方），(2)**坐西北朝東南的房子**，最怕正北方（左手方）有小河或大水溝斜向而來，此為桃花煞水，主敗財帶禍事。(3)**房屋坐東南朝西北方**，最怕正南方有小河或大水溝斜向而來（在左手方），(4)**房屋坐西朝東**，最怕正南方有小河或大水溝斜向而來（在右手方）。後二種為因淫風敗德，易起盜賊之心，即使爆發了偏財運，也會惡事敗露而伏法。

12 偏財運風水格局中房屋也要忌羊刃煞水之忌。

例如**面朝甲方之房屋**（為面朝北北東），而卯向，在房屋右前方有公路或鐵路或河流朝向房屋旁經過，此為羊刃煞水之忌。

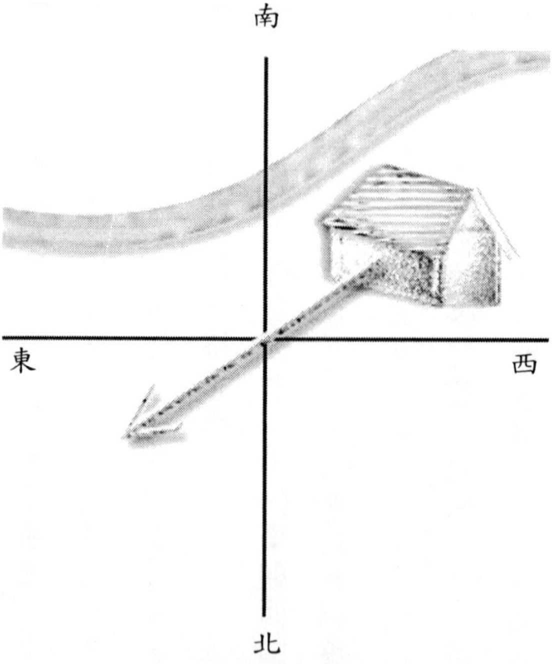

面朝甲之房屋帶羊刃水

房屋為面朝『丙』方（為面朝東南南），而午向在房屋的右前方有大路公路、鐵路或『河流朝向房屋旁經過，亦是羊刃煞水。

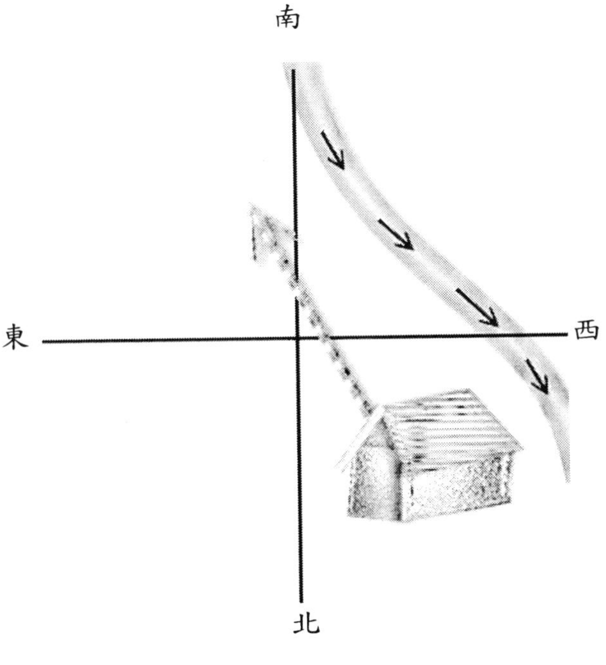

面朝丙方之房屋帶羊刃水

房屋為面朝『辛』方（即為北北西方），而戌向，房子的右前方有大路、公路、鐵路或河流經過，亦是羊刃煞水。

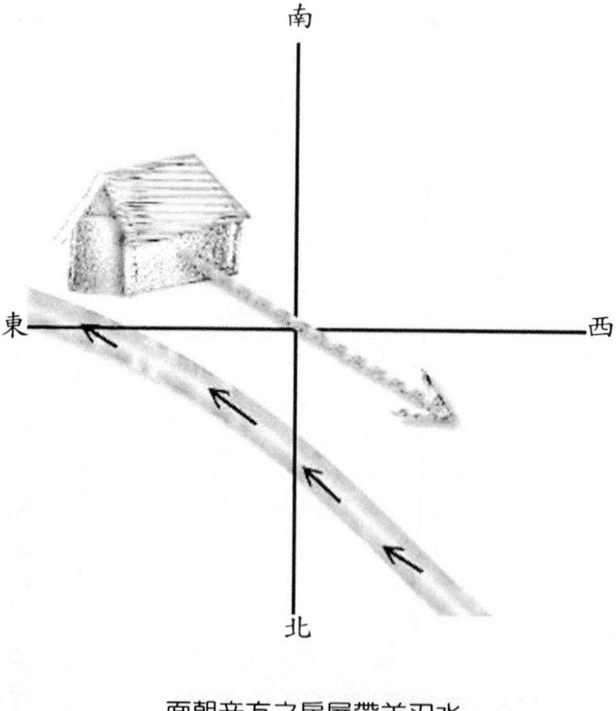

面朝辛方之房屋帶羊刃水

房屋為面朝『癸』方（即為北北東方），而丑方，房子的右前方有大路、公路、鐵路或河流經過，亦為羊刃煞水。

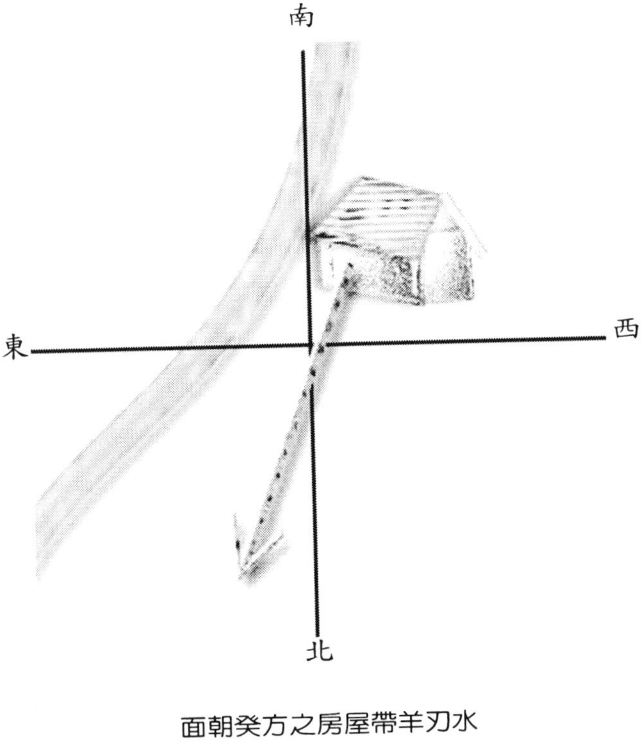

面朝癸方之房屋帶羊刃水

▼ 偏財運風水格局形式

※犯羊刃水之偏財運風水皆為破格，易不發，或發受傷之賠償金之財。

第十二章

為自己增運的小撇步

❋❋❋❋

不論你自身有沒有偏財運格，也不論你是否住過偏財運風水。運用方位及小道具就能增旺運成功！

▼

偏財運風水格局形式

第十二章　為自己增運的小撇步

寫到『偏財運風水大解析』的最後，想必各位看倌是幾家歡樂，幾家愁的！本身具有偏財運格局的人，又發現自己住家附近儼然是偏財運風水格局，大喜之致。而本身沒有偏財運格的人，又搞不懂自己到底住過偏財運風水過沒有的人，就煩惱了。

現在公佈一些我曾教人使用的小偏方來增進偏運的方法，多年前有朋友要升某一個職務求教於我，因為這個職務有很多人爭取，而且升職後薪水多一倍，因此他非常在意。但是此人本身沒有偏財運格，因此我為他做了一個求偏運的方法。

這位朋友的喜用神要『火』。通常喜用神為『金水』系列的人，以西北方為偏財方。而喜用神為『木火』的人，以東南方為偏財方。

方法是：要這位喜用神要『火』的朋友一定要住門向朝南的房子，最好門口有陽台或小花園，要在門口東南方的位置買一盆茂盛的紅花盆擺上，晚上花收進屋內來，清早再搬出去，放在東南方的位置。連續三個月，其間如果花凋謝、花落了，就趕快再換一盆開得茂盛的紅花，要小心照顧此花，如此快的話一個月，慢的話要三個月會成功。如果是要參加考試，希望成功，亦可用此法，這是會增加木火旺的方法，木火旺能增偏財運和考試運，但這是喜用神需要火的人才能用的。

喜用神需要金水系列的人，例如要庚、辛、金或壬、癸水的人，其偏財方在西北方，宜在自己書房的西北方角落，或客廳門外西北方位置，用魚缸養魚或將水晶石泡在水裡、養在玻璃缸中，來增加偏財運和考試運。

喜用神要金水的人，就不能種花養植物，因為植物五行屬木，會金木相剋，或是木來吸水，都是不利己的。因此用水來養魚和養石頭較佳也有用。

前面那位喜用神要火的朋友很順利的升職成功，因此這個小秘方在我朋友群中留傳。後來一位在台灣療養院做醫生的朋友，也用過此法來升等都非常有效，有須要的人可以試試看。

增加正財運的小撇步

增加正財運的方法是每一個人都可以來做的，不分你是否有偏財運格或是正財格的人，皆可為自己增加正財運。正在讀書的人也可以為自己增加正財運，這樣你會學習能力增強，而且所學的東西都能學以致用，能得到很好的發展，在考試上也能得高分，對自己有利。

增加正財運的方法是：在家中進門口的玄關，或客廳財位上的牆壁上，掛上向日葵花的照片或畫作。通常荷蘭畫家梵谷的向日葵畫作最受歡迎和得人青睞。畫家梵谷雖一生貧苦，但死後旺運才走到，目前一幅畫值數千萬美金。向日葵有向陽性，代表積極性。黃色是主富的顏色，就像佛教是以黃色為主的宗教，佛教團體也是最富裕的團體了。

我的朋友和學生大都知道用此法來增加正財運，因為顏色和形象對我們的視力的刺激影響，也會增加我們做事積、圓融，有企圖心，也有成就美事的能力。目前大家也都過得很好，少有金錢煩惱呢！大家也都說此方法是有用的！因此貢獻給大家。

有些人喜歡用五帝錢放在家中客廳地上四個角落，或是放在門墊下，或放在財位上，或放在地毯下，有學生問我：這樣好嗎？有用嗎？我想：心誠則靈吧！如果一個人一心想過富裕日子，不止要做這些表面的祈福之事，更要把帳算清楚，不能糊里糊塗的過日子，自然會錢財有增進的了。

紫微星曜專論

此書為法雲居士重要著作之一，主要論述紫微斗數中的科學觀點，在大宇宙中，天文科學中的星和紫微斗數中的星曜實則只是中西名稱不一樣，全數皆為真實存在的事實。

在紫微命理中的星曜，各自代表不同的意義，在不同的宮位也有不同的意義，旺弱不同也有不同的意義。在此書中讀者可從法雲居士清晰的規劃與解釋中對每一顆紫微斗數中的星曜有清楚確切的瞭解，因此而能對命理有更深一層的認識和判斷。

此書為法雲居士教授紫微斗數之講義資料，更可為誓願學習紫微命理者之最佳教科書。

天空、地劫

法雲居士⊙著

『天空、地劫』在每一個人的命盤中都會出現，它們主宰著在人命中或運氣中一些『空無』的、不確定的事情。

『天空、地劫』都是由人內在思想所產生的觀念所導致人行為的偏差，而讓人失去機會和運氣。也失去錢財和富貴。

『天空、地劫』若出現於『命、財、官』之中，也會規格化與刑制人命的富貴與成就。

『天空、地劫』亦是人生中有漏洞及不踏實的所在，你也可藉此觀察自己命運不濟及力不從心之處。

這是一部套書，其餘是『羊陀火鈴』、『權祿科』、『昌曲左右』、『殺破狼』、『府相同梁』、『十干化忌』、『紫廉武』、『日月機巨』。

你的財要怎麼賺

這是一本教你如何看到自己財路的書。
人活在世界上就是來求財的！
財能養命，也會支配所有人的人生起伏和經歷。
心裡窮困的人，是看不到財路的。
你的財要怎麼賺？人生的路要怎麼走？
完全在於自己的人生架構和領會之中，
法雲居士利用紫微命理為你解開了這個
人類命運的方程式，
劈荊斬棘，為您顯現出你面前的財路，
你的財要怎麼賺？
盡在其中！

紫微命格論健康

法雲居士⊙著

在中國醫藥史上，以五行『金、木、水、火、土』便能辨人病症，
在紫微斗數中更有疾厄宮是顯示人類健康問題的主要窗口，
健康在每個人的人生中是主導奮發力量和生命的資源，
每一種命格都有專屬於自己的生命資源，
所以要看人的健康就不是單單以疾厄宮的內容為憑據了，
而是以整個命格的生命跡象、運程跡象為導向，來做為一個整體的生命資源的架構。
沒生病並不代表身體真正的健康強壯、生命資源豐富。
身體有隱性病灶、殘缺的，在命格中一定有跡象顯現，

健康關係著人生命的氣數和運程的旺弱氣數，
如何調養自身的健康，不但關係著壽命的長短，也關係著運氣的好壞，
想賺錢致富的人，想奮發成功的人，必須先鞏固好自己的優勢、資源，
『紫微命格論健康』就是一本最能幫助你檢驗出健康數據的書。

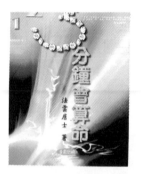

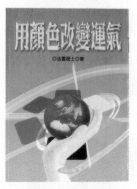

如何觀命・解命

法雲居士⊙著

古時候的人用『批命』
是決斷、批判一個人一生的成就、功過和悔吝。
現代人用『觀命』、『解命』
是要從一個人的命理格局中找出可發揮的潛能，
來幫助他走更長遠的路及更順利的路。
從觀命到解命的過程中需要運用很多的人生智慧，但是我們可以用不斷的學習
就能豁然開朗的瞭解命運。

法雲居士從紫微命理的觀點來幫助你找出命中的財和運，
也幫你找出人生的癥結所在。
這本『如何觀命・解命』也徹底讓你弄清楚算命的正確方向。

十干化忌

法雲居士⊙著

『權祿科忌』是一種對人生的規格與約制，十種年干形成十種不同的、對人命的規格化，以出生年份所形成的四化，其實就已規格化了人生富貴與成就高低的格局。
『權祿科』是決定人生加分的重要關鍵，
『化忌』是決定人生減分的重要關鍵，
加分與減分相互消長，形成了人世間各個不同的人生格局。『化忌』也會是你人生命運的痛腳及力猶未逮之處。

這是一部套書，其餘是『羊陀火鈴』、『權祿科』、『天空、地劫』、『昌曲左右』、『殺破狼』、『府相同梁』。

這套書是法雲居士對學習紫微斗數者常忽略或弄不清星曜特質，常對自己的命格有過高的期望或過於看輕的解釋，這兩種現象都是不好的算命方式。因此，以這套書來提供大家參考與印證。

考試你最強

法雲居士⊙著

讓老天爺站在你這邊幫忙你考試

- 老天爺給你一天中的好時間、給你主貴的『陽梁昌祿』格、給你暴發運的好運、給你許許多多零碎的、小的旺運來幫忙你K書、考試。但你仍需有智慧會選邊站，老天爺才會站在你這邊！

如何運用運氣來考試

- 運氣是由許多小的時間點移動的過程所形成的，運用及抓住好的時間點，就能駕馭運氣、讀書、K書就不難了，也更能呼風喚雨，任何考試都手到擒來，考試強強滾！
考試你最強！

權 祿 科

法雲居士⊙著

在每一個人的生命歷程中，都會有能掌握一些事情的力量，和對某些事情能圓融處理。又有某些事情是使你頭痛或阻礙你、磕絆你的痛腳。這些問題全來自於出生年份所形成的化權、化祿、化科、化忌的四化的影響。

『權、祿、科』是對人有利的，能促進人生進步、和諧、是能創造富貴的格局。『權、祿、科』的配置好壞就是能決定人生加分、減分的重要關鍵所在。

這是一套七本書的套書，其餘是『羊陀火鈴』、『化忌、劫空『昌曲左右』、『殺破狼』、『府相同梁』。

這套書是法雲居士對學習紫微斗數者常忽略或弄不清星曜特質，常對自己的命格有過高的期望或過於看輕的解釋，這兩種現象都是不好的算命方式。因此，以這套書來提供大家參考與印證。

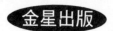

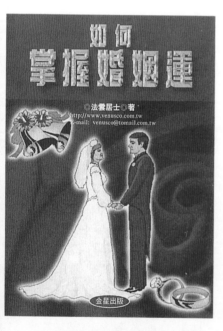

對你有影響的

昌曲左右

在每個人的命格之中，文昌、文曲、左輔、右弼
都佔有重要的位置。
昌曲二星不但是主貴之星，也直接影響人的相貌、
氣質和聰明度，更會為你的人生帶來不同的變化和
創造不同的人生。
左輔、右弼是兩顆輔星，助善也助惡，
在你的命格中，到底左輔、右弼兩顆星是和吉星同宮
還是和凶星同宮呢？
到底左右二星有沒有真的幫忙到你的人生呢？

這是一套十本書的套書，其餘是『權祿科』、『羊陀火鈴』、
『十干化忌』、『天空、地劫』、『殺破狼』上下冊、
『府相同梁』、『紫廉武』、『日月機巨』等書。

這套書是法雲居士對於學習紫微斗數者常忽略或弄不清
星曜特質，常對自己的命格不是有過高的期望，就是有
過於看低自己命格的解釋，這兩種現象都是不好的算命
方式。因此，以這套書來提供大家參考與印證。

對你有影響的

殺、破、狼

上、下冊

法雲居士⊙著

每一個人的命盤中都有七殺、破軍、貪狼三顆星，在每一個人的命盤格中也都有『殺、破、狼』格局，『殺、破、狼』是人生打拚奮鬥的力量，同時也是人生運氣循環起伏的一種規律性的波動。在你命格中『殺、破、狼』格局的好壞，會決定你人生的成就，也會決定你人生的順利度。

下冊是繼上冊之後，繼續討論『殺、破、狼』在『夫、遷、福』、『父、子、僕』及『兄、疾、田』以及在大運、流年、流月行運之間的問題。『殺、破、狼』格局既是人生活動的軌跡，也是命運上下起伏的規律性波動。但在人生的感情世界中更是一種親疏憂喜的現象。它的變化是既能創造屬於你的新世界，也能毀滅屬於你的美好世界，對人影響至深至遠。因此在人生中要如何把握『殺、破、狼』的特性，就是我們這一生最重要的功課了。

對你有影響的

紫、廉、武

法雲居士⊙著

在每個人的命盤中都有紫微、廉貞、武曲三顆星，同時這三顆星也具有堅強的鐵三角關係，會在三合宮位中三合鼎立著，相互拉扯，關係緊密、共同組織、架構了你的命運。這也同時，紫微、廉貞兩顆官星和武曲一顆財星，也共同主宰了你的命運！當命盤中的紫、廉、武有兩顆以上居旺時，你的人生就會富足的多，也事業順利、有成就。如果有兩顆以上都居平、陷之位時，則你人生中的過程多艱辛、窮困、不太富裕。要看命好不好？就先從你命盤中的這三顆星來分析吧！

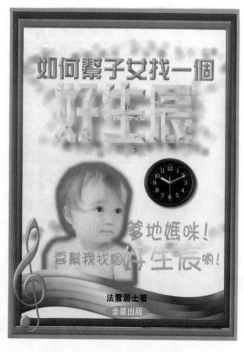

命理生活新智慧・叢書

紫微格局看理財

『理財』就是管理錢財。必需愈管愈多！因此，理財就是賺錢！

每個人出生到這世界上來，就是來賺錢的，也是來玩藏寶遊戲的。

每個人都有一張藏寶圖，那就是你的紫微命盤！一生的財祿福壽全在裡面了。

同時，這也是你的人生軌跡。

玩不好藏寶遊戲的人，也就是不瞭自己人生價值的人，是會出局，白來這個世界一趟的。

因此你必須全神貫注的來玩這場尋寶遊戲。

『紫微格局看理財』是法雲居士用精湛的命理方式，引領你去尋找自己的寶藏，找到自己的財路。

並且也教你一些技法去改變人生，使自己更會賺錢理財！

●金星出版●

地址：台北市林森北路380號901室
電話：(02)25630620・28940292
傳真：(02)28942014
郵撥：18912942 金星出版社帳戶

如何選取喜用神

(上冊)選取喜用神的方法與步驟
(中冊)日元甲、乙、丙、丁選取喜用神的重點與舉例說明
(下冊)日元戊、己、庚、辛、壬、癸選取喜用神的重點與舉例說明

每一個人不管命好、命壞，都會有一個用神和忌神。
喜用神是人生活在地球上磁場的方位。
喜用神也是所有命理知識的基礎。
及早成功、生活舒適的人，都是生活在喜用神方位的人。
運蹇不順、夭折的人，都是進入忌神死門方位的人。
門向、桌向、床向、財方、吉方、忌方，全來自於喜用神的方位。
用神和忌神是相對的兩極。
一個趨吉，一個是敗地、死門。
兩者都是人類生命中最重要的部份。
你算過無數的命，但是不知道喜用神，還是枉然。
法雲居士特別用簡易明瞭的方式教你選取喜用神的方法，
並且幫助你找出自己大運的方向。

移民、投資方位學

法雲居士⊙著

這本『移民·投資方位學』是順應現代世界移民潮流而精心研究所推出的一本書，

每個人都有自己專屬的生命磁場的方位，才能生活、生存的愉快順利，也才會容易獲得財富。搞不清自己生命磁場方位而誤入忌方的人，甚至會遭受劫殺。至少也會賺不到錢而窮困。

法雲居士利用紫微命理的方式向你解釋為什麼有些人會在移民或向外投資上發展成功，為什麼某些人會失敗、困頓，怎麼樣才能找對自己的正確方向，使你在移民、對外投資上，才不會去走冤枉路、花冤枉錢。

命理生活新智慧·叢書

熱賣中

紫微幫你找工作

「男怕入錯行，女怕嫁錯郎」。
現在的人都怕入錯行。
你目前的職業是否真是適合你的行業？
入了這一行，為何不賺錢？
你要到何時才會有自己滿意的收入？

法雲居士用紫微命理幫你找出發財、升官之路，並且告訴你何時是你事業上的高峰期，要怎麼做才會找到自己有興趣的工作？
要怎樣做才能讓工作一帆風順、青雲直上，沒有波折？
「紫微幫你找工作」就是這麼一本處處為你著想，為你打算、幫助你思考的一本書。

紫微手相學

法雲居士⊙著

這本書是結合紫微斗數的精華和手相學的精華
而相互輝映的一本書。

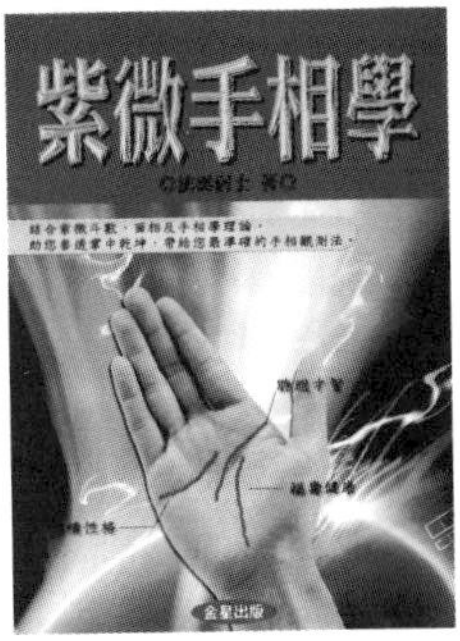

手相學和人的面相有關。
紫微斗數中每種命格也都有其相同特徵
的面相。因此某些特別命格的人，就會
具有類似的手相了。
當紫微命格中的那一宮不好，或特吉，
你的手相上也會特別顯示出來這些特
徵。

法雲居士依據對紫微斗數的深刻研究，
將人手相上的特徵和命格上的變化，
一一歸納、統計而寫成此書，
提供大家參考與印證！

如何為寵物算命

旺運寵物命相館

法雲居士⊙著

這是一本談如何為寵物算命的書。
每個人都希望養到替自己招財、招旺運的寵物，
運氣是『時間點』運行形成的結果！

人有運氣，寵物也有運氣，如何將旺運
寵物吸引到我們人的磁場中來，將兩個
旺運相加到一起，使得我們人和寵物能
一起過快樂祥和的日子。

讓人和寵物都能相知相惜，彷彿彼此都
找對了貴人一般！
這就是這本書的主要目的！
並且這本書不但教你算寵物的命，
也讓你瞭解自己的命，知己知彼，
更能印證你和寵物之間的緣份問題！

考試你最強

法雲居士⊙著

讓老天爺站在你這邊幫忙你考試

- 老天爺給你一天中的好時間、給你主貴的『陽梁昌祿』格、給你暴發運的好運、給你許許多多零碎的、小的旺運來幫忙你K書、考試。但你仍需有智慧會選邊站，老天爺才會站在你這邊！

如何運用運氣來考試

- 運氣是由許多小的時間點移動的過程所形成的，運用及抓住好的時間點，就能駕馭運氣、讀書、K書就不難了，也更能呼風喚雨，任何考試都手到擒來，考試強強滾！
考試你最強！

對你有影響的

身宮、命主、身主

法雲居士⊙著

在紫微命理的學理中，命盤上每一個宮位、星曜、星主、宮主都是十分重要的。其中，身宮、命主和身主，代表人的元神、精神，是人靈魂方面的內涵。
一般我們算命，多半算太陽宮位，是最起碼的算命方式。像身宮是太陰所管轄的宮位，我們要看人的內在靈魂，想看此人的前世今生，就不能忽略這些代表人內在靈魂的『身宮、命主和身主』了！

這是一部套書，其餘是『權祿科』、『羊陀火鈴』、『十干化忌』、『天空、地劫』、『殺破狼』上下冊、『昌曲、左右』、『紫廉武』、、『府相同梁』上下冊、『日月機巨』上中下冊、『身宮和命主、身主』等書。

紫微面相學

《全新修訂版》

法雲居士⊙著

『面相』是一體兩面的事情，
我們可以從一個人的外表來探測其內心世界，
也可從一個人所發生的某些事情來得知此人的命運歷程。
『紫微面相學』更是面相中的楚翹，
在紫微命理裡，命宮主星便顯露了人一切的外在面貌、
精神與內在的善惡、急躁、溫和。

- 『紫微面相學』能從見面的第一印象中，立刻探知其人的內在性格、貪念，與心中最在意的事與其人的價值觀，並且可以讓你掌握到此人所有的身家資料。
- 『紫微面相學』是一本教你從人的面貌上，就能掌握對方性格、喜好，並預知其前途命運的一本書。
- 『紫微面相學』同時也是溫故知新、面對自己、改善自己前途命運的一本好書！

紫微談判學

法雲居士⊙著

現今工商業社會中，談判、協商是議事的主流。
每一個人一輩子都會經歷無數的談判和協商。
談判是一種競爭！也是一種營謀！
更是一種雙方對手的人性基因在宇宙中相遇激盪的火花。
『紫微談判學』就是這種帶動人生好運、集管理時間、組合空間、營謀智慧、人緣、創造新企機。
屬於『天時、地利、人和』成功法則的新的計算、統計、歸納的學問。

法雲居士用紫微命理教你計算、掌握時間的精密度，繼而達到反敗為勝以及永遠站在勝利高峰的成功法則。